JN410769

그녀의 변주곡

권태숙 수필집

책을 내며

등단한 지 10년이 지나 이제야 책을 엮게 된 것이 부끄럽습니다.

게으름의 소치이기도 하고 책의 홍수 속에서 괜찮은 읽을거리가 되어야 한다는 부담 때문이기도 합니다.

오랜 세월 전부터 책을 읽으면 시간가는 줄 몰랐고, 마음에 울림이 오면 무언가를 썼습니다. 하지만 작가라는 이름을 얻고부터는 쓰는 일이 쉽지 않았습니다. 독자에게 무엇을 줄 수 있을까, 감동인가, 즐거움인가, 지식인가, 그런 의식의 언저리에서 어깨가 무거워졌습니다.

그래도 되풀이하는 일상의 무의미함을 의미화하면서 조그만 희열을 느낄 수 있기에 글을 쓰게 됩니다. 내가 쓴 이야기 한 토막, 생각 한 줄이 다 일상에서 길어 올린 것이라, 평범한 일로 묻혀 버릴 것들이 새로운 조명을 받아 의미를 가질 때, 글 쓰는 이로써 기쁨을 느끼게 됩니다.

브레이크가 없을 뿐 아니라 절대 고장도 나지 않는 '세월'은 무작정 앞으로만 달립니다. 어제의 일인가 하면 벌써 한 달도 지나 있습니다. 살아가는 모든 일들이 허망하게 사라져갑니다. 삶의 순간순간의 궤적을 엿볼 수 있는 수필이 곁에 있음은 참으로 다행이라 여겨집니다. 제 글이 읽는 이의 가슴에 조그만 파문이 일게, 아니면 고개라도 끄덕일 수 있게 한다면 더없는 보람이겠습니다.

책을 내며 가장 안타까운 일은, 저를 수필문단에 들여 주시고 이끌어주시던 김태길 선생님, 허세욱 선생님께서 유명을 달리한 일입니다. 두 분 영전에 이 책을 바칩니다. 제 수필 공부에 도움을 주셨던 고 임선희 선생님께도 올립니다.

제게 글을 쓸 수 있는 유전자를 물려주신 부모님께 감사드립니다. 또 바쁜 중에도 고모의 책표지를 예쁘게 그려준 조카 수현이, 물심양면으로 도와준 사랑하는 내 가족, 남편과 두 아들에게 고마운 마음 전합니다.

2010년 9월

권 태 숙

2부 그녀의 변주곡

3부 꽃은 또다시 피는데

4부 신선 넘보기

1부

강꽃 필 무렵

달맞이

"여러분 모두 오곡밥은 드셨겠지요. 대보름달은 보셨습니까?"

혼자 떠들고 있던 텔레비전 소리를 저녁 준비를 하다가 들었다. 어젯밤 뉴스는 날씨가 흐리겠다고 했는데….

"얘들아, 달 떴나 나가봐." 가스불을 낮추면서 소리를 질렀다. "오늘이 달보고 소원 비는 날이에요?" 베란다로 나가는 큰애는 나이나 덩치에 비해 순진하게도 제일 먼저 달님을 보러 간다.

그저 '앞산'이라고만 불렀던 산이 있었다. 집에서는 한층 더 멀었고 그래서 외가에 가 있을 때만 두어 번 갔었다. 환한 대낮에 집을 나서면, 조무래기들이 놀다 집이 그리울 쯤 산등성이에 올랐다. 남 먼저 달을 보고 소원을 빌면 달님이 들어 준다고 이모들이 웃으며 길을 재촉했다. 아직 어둠이 채 내리지 않았는데도, 달구경 온 사람들과 횃불 든 남자 애들의 부산한 소리에 앞산은 겨울잠을 깼다. 소원을 들어 준다는 말에, 두 시간은 족히 걸었으련만 다리도 아프지 않았다.

"처음은요, 구름에 약간 가렸었는데 이제 완전히 보여요."

올해 고등학교에 입학하게 될 아들은 새로운 생활을 위한 기도라도 했는지 바람의 열기를 얼굴에 담고 거실로 들어왔다. "난 빌 게 없어." 퉁명스럽게 대꾸하며 방안에서 나와 보지도 않는 작은애는 이런 일을 쑥스러워 한다. 속으로는 뭔가 빌면서도 내색을 않으리라. 밖에 나가서는 의젓한 소년이면서 내게 철부지인 것처럼.

정원 구실을 하는 거실쪽 베란다가 화분으로 복잡해서, 달님 맞을 공간이라고는 안방 앞뿐이다. 자연을 느끼기에 부족한 아파트는 하늘을 들이는 일에도 인색하다. 열린 창 앞에서 황새처럼 목을 늘여 둘러보아야 찾아지는 보름달. 앞산 중턱에서 보던, 아스라이 먼 동쪽 하늘을 밝히며 위용도 당당하게 솟던 보름달은 아니다. 싸늘한 밤공기만큼이나 차갑게 보이는 조그만 동그라미. 창백하게 빛나는 원(圓). 아폴로 우주선의 업적으로 그 신비까지 벗겨졌지만, 아랑곳없이 내 가족의 안녕을 빌고 나의 묵은 꿈 하나를 보탠다.

막내이모가 결혼하기 전까지, 아마 초등학교 3학년까지 앞산을 갔지만 그 때 무얼 열심히 빌었는지 생각은 나지 않는다. 좀더 커서는, 넥타이 달린 멋진 교복을 입는 제일 좋은 중학교에 들어가게 해 달라고, 은혜를 내리듯 마당 가득 빛을 뿌리는 달을 보고 빌었던 기억이 난다. 먼 어느 날 이루어질 꿈보다는 곧 다가올 현실적인 걸 빌었던 것 같다.

그러다 언제부터인가 나는 그것을 하지 않았다. 제야의 종소리를 들으며, 묵은 해와 새해 사이에 무엇이 달라지나 알고 싶어 밤을 하얗게 지새우다가, 인간의 작위(作爲)에 불과하다는 것을 깨달은 때부터였는지 모른다. 어제와 오늘의 연속일 뿐인 '묵은 해'와 '새해'가, 삶에 윤활유를 주려는 인간의 의지에서 비롯된 것처럼 나의 꿈은 나의 노력으로 이루어야 된다고 생각되었기 때문일 것이다.

사람은 살면서 크고 작은 많은 꿈을 꾼다. 연분홍빛 솜사탕이 아름답지만 손으로 만지면 부서지듯 허망한 꿈도 있고, 눈을 굴려 눈사람을 만들 듯 현실에 굳게 세워지는 꿈도 있다. 오늘 하루를 무사히 마칠 수 있게 해 달라는 일엽편주의 꿈도 있지만, 한 나라를 경영하려는 항공모함 같은 꿈도 있다.

달님에게 빈 적은 없지만 판사나 소설가가 되고 싶었다. 노력한 것보다 더 좋은 결과가 나오곤 해서 한껏 자만(自慢)에 차 있던, 초등학교 고학년 때 가졌던 꿈이다. 그것은 그저 희망사항이었지 그를 위한 구체적 계획도 노력도 없었다. 자신과의 힘든 싸움과 피나는 노력으로만 이뤄지는 것들이라, 게으른 나에게는 아리스토텔레스의, "희망이란 눈 뜨고 있는 꿈이다."라는 말 그대로였다.

나의 희망은, 수소를 넣은 풍선이 점점 작아지며 땅으로 내려오듯, 나이가 더할수록 쉽게 이룰 수 있는 것으로 탈바꿈하여 착지(着地)했다. 금이 간 항아리에서 조금씩 스며 나와 새어버린 물처럼 서서히 부피가 줄어든 것이다. 그러나 작아진 꿈이라도 이룩해 보려고 애썼던 날들은 활기차고 뿌듯했다.

꿈이 없는 삶이란 얼마나 힘든 것일까. 살아가면서 부딪히는 숱한 시련과 고통도, 언젠가 이루어지리라 믿는 설계도를 가졌다면 더 쉽게 이겨 낼 것이다.

어떤 외국기관에서 양로원에 사는 노인을 대상으로 조사했다고 한다. 여자는 생일을 보내고 죽는 경우가 많고, 남자는 생일 전에 죽는 수가 많았다. 이것은 생일날에 대한 기대나 희망을 남자보다 여자가 더 갖는 까닭일 것이다. 이것이 평균 수명에도 관계있지 않을까.

조그만 꿈이나마 있다는 것은 우리 삶이 한결 살고픈 것이 될 것이다. 두 아들이 제법 철이 나고 세상사(世上事)를 알아갈

즈음, 오곡밥을 먹고 부럼을 깨물고 귀밝이술을 이야기하면서, 나는 보름달 앞에서 다시 두 손을 모으게 되었다.

1995. 3.

내 가슴 시리더라도

12월 하순 예고 없이 한파가 닥친 일요일, 우리 세 식구는 작은애를 만나러 집을 나섰다.

예부터 시댁식구 입막음으로 찰떡과 엿을 이바지음식에 넣어왔다는데, 그 심정이 되어 인절미를 맞추고 귤을 큰 상자로 골랐다. 면회를 와도 좋다는 전화기 속의 굳은 목소리로 인해, 체기가 가시지 않은 것처럼 개운치 않다. 3주 전 소방학교에서 본 아들은 논산 훈련소에서의 생활과는 비교할 수 없을 정도로 좋다고 했는데….

겁이 많은 막내는 김대중 정부 들어 남북 교류가 활발해지자, "난 군대 안 가도 될 거야, 곧 통일 될 테니까." 고등학생이면서 그런 말을 했다.

"통일되면 다른 적으로부터 지켜야지."

"그땐 용병제도가 될 걸요."

징병제는 우리나라와 이스라엘뿐이라고 목청을 높이는 아들을 보며 겉으론 웃었지만 그 속내를 아는 나는 측은했다.

비교적 낙천적인 아들은 우스갯소리도 잘하고 정도 많아 딸 없는 집에서 분위기도 살리는 편이다. 카투사 추첨에서 떨어지자 가끔 짜증을 내며 인터넷을 뒤지고 다녔다. 공군 시험을 보고 입대 날짜가 나오자, 복무기간이 육군보다 4개월이나 더 긴 게 또 걸리는 모양이었다. 얼마 후 의무 소방에 지원하겠다는 말을 듣고, 화재 현장을 떠올리며 나는 반대를 했다.

"불 끄는 건 아니에요. 장비 챙기고 보조하는 거지."

지방으로 갈수록 힘들지만 서울이나 근교 도시는 좋다고, 자유 시간이 꽤 있어 하고 싶은 것도 할 수 있다고, 희망자가 많아 시험을 쳐야 한다고, 나름대로 알아 본 모양이라 본인의 의사를 따르기로 했다.

지난 가을, 논산 훈련소에 입소하여 한 달 간의 훈련을 마친 후, 소방학교에서 4주간의 교육을 받고 이제 자대격인 소방서 파출소에 배치를 받은 것이다.

아들은 신참답게 군기가 꽉 들어 있었다. 어깨에 각을 잡고 허리를 곧추세워 앉은 모습이, 군복이 아닌 구급대원의 옷 때문에 오히려 부자연스럽게 보인다. 파출소장의 친절한 인사를 받은 후, 저녁까지 먹여 보내도 된다는 후한 인심에 가벼운 마음으로 아들을 차에 태웠다.

"시간도 많은데 서울 쪽으로 나갈까."

"안돼요, 고참 오기 전에 들어가야 해요."

외출을 나간 사수가 오후 6시 전에 올 것이란다. 역시 민간인인 소장보다 직속 선임이 어려운 모양이다. 음식점을 찾아가면서, 점심식사를 하면서 말이 고픈 아들은, 모국어에 굶주린 교포가 동포를 만난 것처럼 이야기를 풀어낸다. 소방학교 시절과 판이하게 달라진 소방서본부에서, 또 지금 있는 곳에서의 일들을. 논산에서도 받지 않은 기합, 원산폭격은 정말 죽을 맛이라고, 눈앞에 없는 선참들에게 포를 쏴댄다. "그건 오래 하면 안 돼, 조금 참다가 쓰러져 뻐려." 큰애는 선배다웠다. 손은 뒷짐을 지고 머리는 땅에 박는 원산폭격 자세는 가장 참기 힘든 고행이란다.

잠자리는, 먹는 것은 괜찮은지, 지내기가 춥지는 않은지, 직원들은 어떤지 궁금증을 흔쾌히 풀어 주던 막내는 선임자를 말하면서는 눈시울을 붉히고 입을 실룩거린다. 60킬로그램 172센티의 아들은 186센티 95킬로그램이나 되는 사수의 체격에서부터 압도당하는 모양이다. 행동이 느리다고 일을 빨리 하라고 저희 말로 갈군단다. 옆에서 듣고만 있던 남편이 "때리

냐?" 한 마디 한다.

"아니요."

"그럼 괜찮아. 처음은 다 그런 거야."

내가 힘들어 보이면 가끔 자청해서 설거지를 하는 아들이다. 서툰 솜씨에 꼼꼼하게 여러 번 헹궈 내느라 시간이 오래 걸린다. 청소기를 돌려도 구석구석 하느라 늦다.

"너무 잘 하려고 들지 말고 대충 빨리 하렴." 내 말에 큰애가 거든다. "군대란 잘 할 필요가 없는 거야. 적당히, 빨리, 그게 중요한 거야."

80킬로그램 쌀가마를 지고, 막노동을 해서 학비도 번다는 선임이 보기에 이애는 얼마나 어려 보일까. 답답해 보일까. 구급대원이 부족해서 들것을 드는 일이 어렵다고 한다. 야간 구급이 있으면 딱 한번만 울리는 벨소리를 듣고 깨야 하니 잠자면서도 긴장해야 하는데, 잠을 설치는 일이 힘들단다. 나는 속으로 한탄했다. 차라리 일반 군대에 갔다면 잠이나 마음 놓고 잘 걸, 요사인 일과 끝나면 마음대로 책도 읽고, 운동도 취미생활도 한다는데. 구급 나가는 줄 알았으면 안 보내는 건데. 무거운 걸 자꾸 들면 허리에도 안 좋을 텐데, 왜 좀더 알아보지 않고 저한테만 맡겨 뒀을까.

남편은 헤어지며 말한다.

"그래도 나은 거야, 전방 가 봐. 영하 20도에 보초 설 생각해 봐."

"알아요. 근데 엄마, 내가 한 말 신경 쓰지 마세요, 내가 잘해야지, 잘 할 수 있어."

녀석은 어릴 때같이 자기최면을 건다, 시험 치는 날 현관을 나설 때처럼. 그래도 철이 좀 든 모양이다. 중고등학교 시절 스트레스 받는 일 있으면 나한테 좍 쏟아 놓고, 나는 납덩이가 되어 주저앉았는데 제 방으로 가면서 콧노래를 흥얼거리던 철부지가, 이젠 제 말에 엄마가 입을 상처를 헤아리다니. 그래, 후련히 다 토해 내고 네 마음이 풀린다면 얼마든지 말하렴, 얼마든지.

누군가 자식은 덫이라고 했다. 그럴지 모른다. 자립할 수 없는 장애아를 위해 자신의 삶을 저당 잡힌 부모, 딸린 아이로 인해 쉬 재혼할 수 없는 홀로 된 사람, 아이의 교육을 위해 노동시장에 나온 주부들, 그들에게 아들딸은 덫일 수도 있다. 아니, 자녀를 가진 누구의 가슴이 자유로울 수 있겠는가. 그래도 그들이 살아가다 어려움에 부딪힐 때 도움을 줄 수 있다면 그 또한 보람이 아니겠는가. 자식은 삶의 의미를 만들어 주는 덫인 것을.

2005. 1.

감꽃 필 무렵

'고향'에 대한 얘기가 나오면 나는 기가 죽는다. 전설어린 느티나무 한 그루, 남몰래 올라가 혼자만의 시간을 갖던 언덕, 메뚜기 잡던 논배미라도 있는 것이 우리네 고향 사설(辭說)인데, 삭막한 도회지 한복판에서 나고 자란 터라 별로 할 말이 없기 때문이다. 더구나 그런 곳에서의 어린 시절이, 정서 발달에 또는 어떤 성공에 바탕이 되었다는 말까지 들으면, 내 출생지와 그곳에서 20년이나 산 부모님이 원망스럽기까지 했다.

지난 봄, 외출에서 돌아오며 한가한 시선으로 아파트 1층 정원을 바라보며 걸었다. 목련도 이제 다 졌구나 하며 다가가는 순간, 내 눈이 한 곳에 멈췄다. 멋없이 키만 자란 감나무에, 빼꼼이 고개 내민 연미색 감꽃이 이파리 사이에 달려 있었다. 얼마 만에 보는가. 가슴 밑바닥에서 상큼한 향기가 피어올랐다.

아니 감꽃이 저렇게 작았던가. 그 옛날 외가에서 본 것은 훨씬 크고 더 예뻤는데….

그래서 이어령은 "고향은 늘 나를 거짓말쟁이로 만든다. 어린 시절은 남에게 말하는 것이 아니다."라고 했나 보다. 새끼손가락 한 마디도 안 되는, 더구나 며칠 피어 있지도 않는 꽃이라, 몇 해를 지나 다녀도 보지 못했던 모양이다. 화단이 사람 허리만큼 돋우어졌고, 또 울타리가 내 키를 넘게 가리고 있어서, 가까이서는 머리를 젖혀야 제대로 보이니 무심히 지나쳤고, 멀리서는 시력이 나빠 잎만 보였을 것이다. 무디어진 감성을 탓하기 싫어 궁색한 변명을 하고는 오히려 미안스러워 목이 아프도록 감꽃을 올려다보았다.

언니와 나는, 밤사이에 온 마당을 뽀얗게 만든 감꽃 송이를 보고 환성을 지르며 달려갔다. 치마를 펼치고 서로 많이 담겠다고 허우적대다가 멋쩍게 웃었다. 치마가 넘치도록 담아도 담아도 꽃송이는 지천으로 널렸기 때문이다. 대문 안 정랑* 옆에, 감 따는 장대가 닿지 않게 큰 나무. 채마밭과 꽃밭을 안고 있는 앞마당 건너편의 작은 나무. 두 그루에서, 쏴아 바람이 지나면 감꽃이 눈 내리듯 했다. 초롱같이 생긴 꽃이 미처 시들기도 전에 송이채 떨어지는 것이다. 하나하나 실에 꿰면 팔찌도 되고 목걸이도 되었다. 긴 것 짧은 것, 두 줄 세 줄, 내 가슴팍은 감꽃으로 환해지고 나는 공주가 되었다. 우리는 욕심을 부리지 않았다. 꿰어도 꿰어도 진주알은 남아 있었으니까.

신석정은 <추과삼제(秋果三題)> 중에서 이렇게 노래했다.

하아얀 감꽃 꿰미꿰미 꿰미던 것은
오월이란 시절이 남기고 간 빛나는 이야기어니

이것을 보면 감꽃 목걸이의 추억은 나만의 것은 아닐 것이다. 그러나 자연과의 교감이 적었던 나에게는 결코 바래지 않을 한 폭의 그림으로 남아 있다.

초등학교 저학년까지는 같은 도시 변두리에 있던 외가를 자주 갔다. 익지 않은 감을 씹고 그 떫은맛에 진저리를 치던 일. 곶감용 감을 깎으시는 할아버지 옆에서 껍질을 더 길게 하라고 조르던 일. 감 딴다고 장대를 들고 넘어지던 일. 감에 얽힌 기억들이 많지만 감꽃 핀 나무는 잘 생각나지 않는다. 아마 조그맣게 잎 사이에 피었다가 금세 떨어지는 꽃의 생리 때문인지 모른다. 아니면 감꽃 지던 날의 그 황홀했던 기억에 가리어진 것인가.

입춘이 지났지만 영하 10도를 오르내리는 강추위가 이어진다. 나목이 되어 칼바람을 맞고 서 있는 감나무에서 생명을 느낄 수는 없다. 그러나 머지않아 새 눈을 틔우고, 봄이 무르익는 날이면 우윳빛 꽃을 피울 것이다. 그러면 나는 손톱만한 꽃 속에서 감꽃밭으로 변해버린 외가 앞마당을 볼 것이다. 그리고 내 어린 날을 행복하게 해 주던, 감꽃이 필 무렵이면 더욱 그리워지는 외가를 나의 고향이라 말하겠다.

1997. 2.

※정랑: 뒷간의 방언

용용 죽겠지

1장 안방

"퍼벅."

"앵."

내 얼굴 위에 유혈이 낭자한 놈의 주검을 둔다는 사실이 끔찍하여 손을 약간 오므려 산 채로 잡으려 했지만 실패다. 그래 또 오기만 해 봐. 이제 모기와의 일전에 독해지기로 마음을 다잡는다. 스님들은 몸을 보시한다지만, 나는 수행승이 아니다. 살생유택을 가르친 이도 원광법사였거늘 저 불한당이 내 아까운 피를 도둑질하려는 데야 정당방위 아닌가. 이번에야말로 손바닥으로 쳐서 일패도지시켜야지. 안면보다는 팔이나 손에 앉아 주기를 기대하며 왼팔을 가슴 위에 얹고, 무기가 될 손은 쫘악 펴면서

밤의 정막을 깨는 날갯짓 소리가 다시 나기를 학수고대한다.

나의 인내력을 시험하느라 적은 쉽사리 도전하지 않는다. 약은 놈. 졸음이 슬슬 유혹한다. 잠들면 안 돼. 가물거리는 의식을 필사적으로 붙잡는다. DMZ를 앞두고 선 보초를 생각한다. 애앵. 그래 어서 와라. 낙하지점을 궁리하느라 뜸을 들이나 보다. 영리한 녀석은 또 면상 위를 택한다. 차알삭. 라이트 훅을 날렸지만 날쌘 방어력을 과시하고 암흑 속으로 사라진다. 그렇다면 국면전환, 적극적인 공격태세에 돌입해야 한다. 일어나서 전등스위치를 누른다. 다른 곳으로 나가지 못하게 방문부터 닫고 환해진 방안에서 벽에 붙어 있을지도 모르는 적군을 색출하려 혈안이 된다. 가능하면 살생을 안 하려고 다른 벌레들을 보면 문을 열어 밖으로 내보내는 나도 모기한테는 예외다.

고층을 믿고 무방비상태로 있다 식구 모두 피해가 극심했던 이사 온 첫 해, 슈퍼마켓을 뒤져 산 파리채 아니 모기채를 찾아 든다. 천정부터 벽을 훑어 내려온다. 문갑 옷장문까지 휘저어 봐도 이미 놈은 잠적해 버렸다.

2장 베란다 창고

지난 밤 요기를 한 탓에 허기증은 가셨네. 26층까지 날아오느라 기력을 다 잃었는데 이 집 방충망 끝에 틈이 있어서 얼마나 다행인지 몰라. 그놈의 소독작업은 왜 그리 자주하는지 아파트 정원에선 쉴 수가 있어야지. 그나저나 오늘은 좀 든든하게 먹어야 알을 낳을 텐데, 이집 사람들은 예민해서 불안하단 말이야. 어제만 해도 기대를 하고 젊은 아들 방에 들어갔다가, 작업개시도 하기 전에 내 소리를 듣고 당장 일어나 일전을 치르려는데 혼비백산해서 도망쳤지. 그러고는 원수 같은 전자모기향을 피우는데 희망을 버릴 수밖에.

안주인이란 사람도 그래. 저녁 늦게까지 일하고 피곤할 텐데 그냥 내쳐 자면 오죽 좋아. 두 번씩 깨서 날 놀라게 하더니 나중엔 파리채까지 들고 설칠 게 뭐야. 장롱 위가 워낙 깊고 으슥해서 망정이지 하마터면 큰일 날 뻔했지. 그나마 술 마신 남편이 옆에 있어 굶는 일은 면하긴 했는데…. 혈중 알콜 농도가 진하면 애기에게 지장이 있을 텐데 괜찮을지 모르겠네.

아이구, 위기일발이었어. 아침에 환기한다고 문 열어 놓았을 때 잘 나왔지. 지금 막 방문 창문 다 닫고 무슨 킬러를 구석구석 뿌려대네, 나 잡으려고. 내가 요렇게 앞베란다 창고에 숨어 있을 줄은 모를 걸.

3장 엘리베이터 안

"안녕하세요."

"아, 예. 저기 저 모기."

모기 때문에 인사를 건성으로 하던 15층 주민이 가리키는 곳은 승강기 위쪽이었다. 키가 큰 사람이면 손이 닿을 정도라 그녀는 나를 보더니 아쉬운 모양이다. 내가 우편물을 들고 치려 하니 포로록 더 위로 올라간다. 내가 굼뜬 건지 놈이 잽싼 건지.

"아, 글쎄 모기가요 현관문과 기둥 사이 고 좁은 틈에 앉아 있다네요. 친구가 문 열려다가 발견했다는데, 눈높이보다 조금만 높거나 낮은 데 있었으면 못 봤을 거 아닙니까."

그녀는 모기가 영악하다고 열변을 토한다. 내가 26층까지 날아온다니까 정말이냐고 봤냐고 큰 눈을 더 치켜뜬다.

"모기약을 사흘간 계속 쳤는데 밤이면 또 나타나서 어디서 들어오나 했어요. 아들이 베란다에서 오는 것 같다고 해서 오늘 아침 일찍 봤더니 방충망 바깥쪽에 모기가 한 마리 붙어 있는 거에요. 근데 그 방충망 끝부분이 벌어져 있었어요."

말하는 사이 모기는 우리 둘 사이 공간을 물고기처럼 자유로이 유영을 한다. 잡으려면 쏘옥 올라가 버리고, 또 내려와 날고, 마치 우리를 조롱하기라도 하듯이. 그녀가 내린 뒤에도 나는 놈의 행동반경을 주의깊게 본다. 나를 따라 내리지만은 말았으면 하는 심정으로.

에필로그

약 5만 년 전에 출현했다는 인류의 조상 호모사피엔스보다도 아득히 먼 1억 년도 더 전에 지구상에 나타나서 아직도 사라지지 않는 모기. 수많은 살충제가 그를 위협해도 건재하는 모기. 아니 날로 진화해가는 놈은 어쩜 우리 인간보다 오래 생존할 지도 모른다. 결혼은 물론 선택이고, 자식도 안 낳을 수 있다는 오늘날의 세태를 보면… 2밀리미터도 대문처럼 드나들고 20미터 밖에서도 사람의 체취를 맡고 추적하는, 1센티가 겨우 넘는 키를 가지고 26층까지 날아오르는, 그 감동적인 종족 보존의 욕구는 어떤 퇴치방법도 무색하게 만들 것이다.

2008. 9.

넥타이

박기호 사진전에 갔다. 아버지 박고석 화백의 영향을 받은 탓일까. 여느 사진전에서 보던 예술 사진이 아니라, 설치미술과 사진의 합작이라고 할 작품들이어서 낯설기도 하고 새롭기도 했다. 내 취향이 아니어서 대충 둘러보고 나오려다 쇠붙이가 자석에 끌려가듯 시선이 한 곳으로 빨려들고 말았다, <아버지의 훈장>속으로.

대형 카메라로 포착된 인물은 등신대(等身大)로 확대되어서 실제 사람이 서 있는 것처럼 보인다. 흔한 감색(紺色) 정장을 한 중년의 남자는 약간 근엄하면서도 피곤해 보이는, 우리네 이웃에서 쉬 볼 수 있는 샐러리맨의 모습이다. 윗도리 포켓에는 축소된 넥타이 세 개가 연이어 붙어서 훈장이 되어 달려 있다. 그리고 폭 105센티 길이 200센티가 되는 작품 속에는 인물을 가운데 두고 가지각색의 넥타이 수백 개가 에워싸고 있다. 실제의 약 10분의 일 크기의 넥타이들이 어깨를 나란히 맞대고 정렬되어, 사열 받는 병사들처럼 군기마저 뿜는다. 반대로 훈장을 받은 아버지는, 전혀 웃지 않고 화려한 넥타이의 위세에 눌린 듯 의기소침한 모습이다.

전시품 옆에는, '나는 넥타이를 매지 않는다. 그러나 많은 아버지들은 하루 종일, 한 달 내내, 1년 365일, 10년이고 30년이고 넥타이를 매고 다닌다. 그분들께 훈장을 드리고 싶다.'고 설명이 덧붙여 있다.

작가는, 매고 싶지 않은 넥타이를 30년씩이나 매어야 하는 아버지들의 고뇌를 표현하고 싶은 것일까. 이 작품에서의 넥타이란 생활을 책임져야하는 가장의 고달픔을 상징하는 것일까.

넥타이는 프랑스 기마병의 목도리에서 유래되었다고 한다. 그것이 17세기 중엽 상류사회에 등장하여 차차 일반화되고 현대적 넥타이로 비즈니스맨인 일반 남성에게 사용된 것은 1890년경부터라고 한다. 처음은 멋으로, 장식의 하나로 쓰였던 것이 차차 예의의 표현으로 변화했다고 볼 수 있다.

선물로 받은 것을 제외하면, 남편의 넥타이는 거의 내가 산 것이다. 살 때는 디자인과 색상을 이리저리 따지지만 그것을 멋이라 여기지는 않았다. 아침마다 출근하는 남편에게 넥타이를 골라주면서, 나는 양복과 와이셔츠의 색깔을 염두에 두었을 뿐이다. 지금껏 남편의 넥타이는 그저 일상(日常)이었다.

남편은 셔츠의 맨 위 단추는 답답하다고 채우지 않고 타이를 맨다. 여름이면 옛날 박정희 대통령 시절 유행했던, 양복 깃 위에 셔츠 칼라를 내 놓는 남방셔츠를 즐긴다. 그 당시는 냉방비용을 절약하려고 넥타이를 매지 않으려는 취지에서 나온 것이라 모든 공직자가 입어야 했다. 나중 복장이 자율화되어도 바꾸지 않았다. 나이보다 노숙해 보인다고 해도 거리낌 없었는데 몇 년 전부터 그런 디자인의 옷이 사라지자 아쉬워한다. 그러고 보면 남편도 좋아서라기보다 어쩔 수 없어 타이를 매는지 모른다.

가끔 각국의 정상들이 셔츠와 윗도리만 입고 회담을 하는 광경이 보도되곤 한다. 좀더 자유스런 분위기나 친근감을 가진 것처럼 느껴지고 호감도 간다. 넥타이가 예의와 단정함을 표현하지만 격식을 갖춘 경직된 분위기를 연출할 수도 있기 때문일 것이다. 이 작품은 자신의 의사와 관계없이 항상 넥타이를 매고 출근해야 하는 조직 속의 남자 더구나 가장인 아버지들은, 긴장 속에서 수십 년간 직장 생활을 할 수밖에 없다는 것을 표현한 작품이리라.

소설가 김훈은 ≪밥벌이의 지겨움≫이란 산문집에서 "제발 열심히 일하라고 조져대지 말아 달라. 제발 이제는 좀 쉬라고 말해 달라.—나는 밥벌이를 지겨워하는 모든 사람들의 친구가 되고 싶다."고 썼다. 또 우리나라 40,50대 남자들이 그들의 아내보다 훨씬 일찍 죽는 것은, 술 담배 과로의 일상을 거듭하며 사회의 모순과 비리, 억누름과 억눌림을 겪으며 살다가 병을 얻거나 사고를 당해서다. 나는 유전적으로 세습되는 그런 남자의 특권을 반납하고 싶다. 나도 오래 살고 싶다고 서술한다. 그 글을 읽었을 때 이 세상 사내, 가장들의 솔직한 외침을 듣는 것 같아 명치가 뻐근해 왔던 기억이 난다.

넥타이를 매든 안 매든 밥벌이의 의무에서 자유로운 아버지가 어디 있을까, 수많은 유산을 물려받지 않고서는. 단지 직업에 따라 본인의 의사로 일하는 사람은 복장에 큰 부담이 없겠지만, 타인을 많이 의식해야하는 경우는 넥타이의 불편을 감수해야 한다.

아버지들은 답답하게 목을 조이는 넥타이를, 직장을 위해 돈벌이를 위해 가족을 위해서 30년씩이나 매고 다닌다. 넥타이는 단순한 끈이 아니다. 상사의 잔소리를, 거래처의 횡포를, 아랫사람의 무례함을 모아서 묶기도 한다.

직장에서의 일을 집에 와서 얘기하지 않는 남편은 가끔 폭주를 한다. 유쾌해서 마시기도 했겠지만 화가 나거나 우울한 날도 있었을 것이다. 그에게도 혹시 넥타이는 훈장이었을까.

원하는 직업을 얻기 위해 모든 낭만을 접어버린 아들도 머지않아 넥타이를 맬 것이다. 나는 내 아들의 앞가슴을 치장해 줄 넥타이가 이 작품처럼 훈장이 되지 말고 멋이고 경쾌함으로 빛났으면 좋겠다.

2008. 6.

넝쿨 장미가 피면

작은애가 손가락을 다쳐 왔다. 버스 문에 좀 눌렸다는 중지와 약지의 끝부분에 피멍이 생겨 있었다. 학교 보건소에서 병원은 안 가도 되겠다는 말을 들어서인지 낮에 전화할 때보다 기분이 가벼워 보인다. 괜찮을 것 같지만 혹 손톱이 빠지지나 않을까 염려가 되어 예방조치를 하고 싶었다.

"이 촛불에 손가락을 쪼여. 뜨거우면 위로 올리고, 외할아버지가 가르쳐 주신 거야."

"전에도 한 적 있어요."

아들은 어릴 때와는 달리 참을성 있게, 혼자서 손을 들었다 올렸다 한다.

어느 땐가, 미닫이문을 닫다가 손가락을 세게 부딪쳐서 울던 내게 아버지는, 그냥 두면 손톱 빠질지도 모른다고 불에 쪼이게 하셨다. 확실한 기억은 없지만 그즈음 이웃의 누군가 생손을 앓아 고생하는 것을 본 나는 뜨거운 것을 잘 참았던 것 같다. 그 후 손톱이나 발톱에 충격을 받아 통증이 생기거나, 손톱 밑에 염증이 생기려 발갛게 부어오르면 촛불을 켰다. 아버지의 방법이 의학적으로 타당성이 있는지 모르지만, 나는 의심없이 그렇게 했고, 더 큰 고통을 받지 않고 상처는 아물었다.

"엄마, 할아버지 제사 다가와요?"

"그래, 어떻게 알아?"

"아파트 담장에 장미꽃이 꽤 피었던데, 엄마가 그랬잖아요. 장미 피면 할아버지 제사 때라고."

친정아버지를 선산에 모시고 돌아오는 시골길엔 덩쿨 장미 울타리가 유난히 많았다. 조금 사라졌다간 또 나타나고, 아버지의 고향은 빨간 장미로 치장하고 나그네를 전송하였다. 고등학교 입학시험을 치르고, 아버지와 함께 할아버지 산소를 갈 때 처음 가 본 그 길을 오면서, 그 아름다운 길을 오면서 나는 하염없이 울었다. 90이나 되어 가신 아버지, 남들은 다 호상이라 웃으며 말하던 아버지의 죽음은 내겐 그렇지가 못했다.

아버지는 일흔 다섯에 위암 수술을 하고, 그로부터 이런 저런 병으로 힘들어 하셨다. 그런 아버지를 첫 수술 땐 애들이 어려서, 돌아가시기 전 몇 년 동안은, 큰애 대학가고 작은애고3이 되어 바쁘다고 제 때 찾아뵙지 못했다. 언젠가는 "너 못 보고 죽는 줄 알았다."며 눈물을 글썽이기도 하셨다. 수술할 때도 입원을 했을 때도 언니 동생들이 먼저 내려가면 전화 받고 뒤늦게 가고, 상황이 괜찮다면 안 가고, 그러면서도 매달 용돈 부쳐드리는 것으로 자식 도리 다 한 양 지내던 내가, 대구 동생이 내려 와야 한다고 해서 가서는 또 괜찮을 거라고 올라왔다. 서울 집에 도착한 지 4시간 만에 눈을 감으셨다는 말 듣고 울음보가 터졌다. 멈춰지지 않는 울음은 나도 예상치 못한 일이었다.

가난한 선비의 일곱 형제 중 둘째로 나신 아버지는, 신교육을 거의 못 받았으나 책 읽기를 즐겨하셨고, 교육을 중요시 여겼다. 나이가 많은 막내삼촌을 고등학교에 넣으려고 쌀을 수레에 싣고 가셨다고 한다. 그런 아버지는 생활하면서 알게 모르게 많은 가르침을 주셨다.

못이나 핀과 같은 날카로운 것에 찔렸을 때, 피가 안 나면 상처부위를 세게 눌러 피를 빼라. 그래야만 덧나지 않는다. 겨울에 손가락 끝이 갈라지면 실로 여러 겹 돌려 매면 벌어진 곳이 아문다.

추운 곳에 오래 있다가 갑자기 따뜻한 곳에 발을 넣으면 동상에 걸리기 쉽다고, 밖에서 놀다 온 우리는 방 윗목에 한참

서 있었다. 혹 얼 기미가 있어 손발이 가려울 때는, 찬 물에 담그고 냉기를 빼냈다.

3년 전 겨울, 큰애를 군대에 보내며 나는 말했다. "보초 설 때 한 곳에 가만히 서 있으면 발이 언다. 제자리에 있어도 발은 계속 움직여라." 그 옛날 아버지가 하시던 말을 새겨 주었다.

이런 말도 하셨다. 산에서 뱀을 만나면 똑바로 뛰지를 마라, 지그재그로 가면 뱀은 잘 따라 오지 못한다. 감기 걸리면 사과는 먹지 마라, 염증이 생기면 닭고기 돼지고기를 먹지 마라 더디 낫는다.

병원이 멀고 약이 흔하지 않던 시절, 자칫 화근이 될 것들을 미리 방지하게 해 주신 아버지의 지혜. 지금도 조그만 상처일 때는 약상자에서 약을 꺼내 바르고 붕대를 매는 것보다 내겐 손쉬운 처방이다.

아버지를 내려놓은 영구차 속에서, 꽃담이 되도록 수없이 매달린 장미 송이를 보며 나는 생각했다.

철부지 때부터 하얀 색칠을 한 장례차가 지나가면 엄지를 네 손가락 속에 숨기고도 또 치마 뒤로 숨기며, 앞집 미자언니가, "영구차 지나갈 때 엄지손가락 보이면 아버지 죽는다." 하던 말을 속으로 되뇌곤 했지. 이제 손가락을 가릴 필요가 없어진 지금, 저 장미는 어쩜 저리도 고운가.

아버지 가신 지도 4년이나 되었다. 윤달이 있어 기일이 꽤 남았는데 줄장미가 한창 눈부시다. 넝쿨 장미가 피면 그리운 아버지는, 일을 하다 생선 가시나 바늘에 찔릴 때, 겨울날 손톱 밑이 갈라질 때도 내 곁에 계신다.

2004. 5.

엄마의 인사

엄마의 별명은 '무 바라'입니다.

경상도 사투리로 '먹어 보아라'란 뜻의 말입니다.

어릴 땐 으레 챙겨 주니까 그런가 보다 하고 컸습니다. 성인이 된 지도 아득히 오랜 아들들에게도, 아니 벌써 며느리를 보아야 할 내게도, 할머니가 된 큰딸에게도 엄마는 만나기단 하면 "이것 좀 무라." 하십니다.

재작년까지 엄마는 아버지 가신 집에 4년간 홀로 사셨습니다. 가까이 있는 중간동생 부부는 물론 자주 가지만 서울의 사남매도 번갈아 다녀오곤 했습니다. 고속철이 생겨 대구 가기가 수월해졌습니다.

"엄마, 내일 집에 갈 건데 밥은 먹고 가니까 아무 준비도 하지 마세요."

"그래, 혼자 오냐?"

"예. 네 시쯤 가니까 문만 열어주면 돼요. 아무것도 하지 마. 알았지."

코흘리개 아이에게 하듯이 당부를 하고 가도 엄마는 식탁을 차려 놓고 기다립니다. 안 먹는다고 도리질을 하면 혼자 있을 땐 생전 사지 않는 빵을 들고 와서 "이거라도 좀 무라."고 채근하십니다. 배불러서 나중에 먹는다고 하면 "그래도 좀 무 바라." 하시며 과일을 가져옵니다. 엄마가 힘들지 않게 해주려던 우리 형제는 차라리 식사 때가 되어 가는 게 낫다는 결론을 얻습니다.

엄마가 내 집에 오시면 밖에서 저녁을 먹고 온 사위에게 또 자꾸 먹을 것을 주라고 성화입니다. 식사 후 양치를 하고 나면 아무것도 먹지 않는 남편은 사양하느라 애를 먹습니다. "엄마, 그렇게 자꾸 먹으라고 하면 실례야 요새는." 내가 핀잔을 주면, "이 떡이라도 한 쪽 들면 좋은데…." 하며 못내 아쉬운 듯 간식접시를 만지작거리다가, 더 놀고 싶은 아이가 찾으러 온 가족의 손에 이끌려가듯 후퇴를 합니다.

마치 엄마는 먹이기 위해 존재하는 것 같습니다. 우리 가족에게만 그런 게 아닙니다.

옛날, 집에 오는 손님뿐 아니라, 가끔 들르는 약주를 만들어 와서 파는 중늙은이에게도, 낯익은 장사꾼에게도 끼니때면 없는 반찬이라도 먹고 가라고 붙잡기 일쑤였습니다. 엄마는 밥을 넉넉히 해야 한다고 말합니다. 밥이 달랑달랑하면 마음대로 먹지도 못하고 혹 늦게 오는 사람 있으면 서로 힘들다면서… 언젠가 내가 식은 밥 먹는 게 싫어 딱 맞춰 해서 남는 것이 없자 그렇게 나무랐습니다. 그렇다고 우리 살림이 여유가 있었던 것도 아닙니다. 세끼 식사는 어렵지 않았어도 언제나 학교 등록금 내기가 힘들었고, 학용품이나 책값을 받으려면 집안 눈치를 보며 며칠씩 기다렸다 얘기를 해야 했습니다.

우리가 어릴 때는 이집 저집 떠도는 고양이가 있었습니다. 요즘 같은 아파트가 아니라서 쉽게 담 넘어 들어오는, 소위 말하는 도둑고양이에게도 엄마는 곧잘 먹을 것을 주었습니다. 고양이를 싫어하는 나는 엄마 때문에 자꾸 고양이가 우리집에 온다고 짜증을 내면, "못 무우서 배고프다고 안 카나, 불쌍한 짐승아이가." 하며 밥그릇을 밀어주곤 했습니다.

엄마는 또 누구네 집엘 빈손으로 가는 법이 없습니다.

손으로 갈 때는 물론이지만 자식들 집에 갈 때도 평소에 저희가 드린 돈을 모아두었다가 풍덩풍덩 쓰십니다. 당신을 위해 한 번도 산 적이 없는 크고 좋고 맛 나는 것만 고릅니다. 엄마

잡비 다 쓰겠다고 말리면, "내가 돈 쓸 데가 어딨노?" 하십니다. 그리고는 손자손녀에게 또 용돈까지 듬뿍 줍니다. 그래서 불가(佛家)에서는 '이 세상에서 가장 부자는 어머니가 살아 있는 사람이다.'라고 말하는지도 모릅니다.

남에게는 먹이려 애쓰면서 엄마는 요즘 마음대로 씹기가 힘듭니다. 치아가 좋지 않기 때문입니다. 부분 틀리도 했고 여러 군데 인공치아도 했지만 또 새로운 문제가 생겼습니다. 그런데 엄마는 이제 더 이상 치과에 가지 않겠다고 합니다. "아픈 데는 없으이 천처이 무면 되고 인자 이 해서 뭐 할라꼬." 엄마는 몇 년 후를 염두에 두고 계십니다. 생신이나 명절에, "옷 사오지 마래이, 있는 것도 다 못입는다." 하실 때처럼 말입니다.

요즘 엄마는 남동생네에서 삽니다. 손수 식사준비는 하지 않지만 잘 먹이고 싶은 속내는 여전합니다. 당신은 반찬도 잘 안 먹고 우리들 앞으로 가까이로 밀어주면서 잘 먹여야 직성이 풀립니다.

엄마는 요리솜씨가 좋았습니다. 사랑에 앉아 책만 읽으시던 외할아버지가 형님의 마작 빚을 갚는다고 논문서를 내어준 후, 마당 가득 타작하던 머슴들도 다 보내고 외할머니는 불려다니며 잔칫집 음식을 해주었다고 합니다. 그 분에게서 이어받은 솜씨는 자라면서 우리를 행복하게 했습니다. 어릴 때 맛있게 먹었던 것을 흉내 내서 해드리면 "이래 마신는 거 처음 무 본다, 니는 우째 할 줄 아노?" 신기한 듯이 말합니다. 외할머니는 여든 여섯에 치매를 앓다 돌아가셨습니다. 여든 넷이 된 엄마도 조금씩 기억을 잃어 갑니다.

엄마도 언젠가 그 정겨운 말, "그래도 좀 무 바라." 그 말을 잊을 날이 올까요. 나는 그날이 올까 두렵습니다.

2008. 5.

대국大國 속의 한 사람

그건 바다였다. 섬 하나 거느리고 있는, 잔잔한 바다…. 그래서 유람선이 떠다니기도 하는 바다로 보였다. 그런데 호수라니. 그것도 인공 호수라니.

"북경 관광의 마지막 코스인 이화원입니다."

가이드의 말을 들으며 차에서 내렸을 때, 정문의 규모나 형색을 보고 특별한 감흥은 없었다. 청나라 건륭황제가 모친의 생신을 축하하기 위해 만든 황실의 정원이라고 해서 우리나라의 비원을 떠올렸다. 세계문화유산으로 지정된 곳이니 무척 아름답고 멋지리라 생각은 했다. 그런데 초입에 설 때는 상상도 못한 광경이, 걸음을 옮길수록 내 눈을 흥분시켰다.

바다처럼 펼쳐진 호수와 그를 따라 끝도 보이지 않게 이어진 낭하. 호수를 만드느라 파낸 흙을 쌓아 놓은 거대한 산줄기.

20층 건물보다 높다는 목조 누각. 호수 속 섬에 연결된 다리. 이들이 엮어낸 '이화원'이란 결코 정원이란 단어로 표현할 수는 없었다. 총면적이 290만 평방미터라고 할 때는 그 크기가 가늠되지 않았는데, 서울의 여의도가 700만 평방미터라고 하니 짐작이 간다. 산과 누각이 있는 곳까지도 쉽게 갈 수 있는 거리는 아닌 것 같아, 보는 데 만족하고 대형 유람선에 몸을 실었다.

북경에 온 사흘 동안 푸른 하늘을 본 적이 없다. 부우연 하늘과 먼지에 찌든 가로수만을 보다가 이화원의 파아란 물을 보니, 동굴에서 빠져나온 것처럼 시야와 가슴속이 환하게 열렸다. 하지만 이 엄청난 규모의 호수를, 굴착기도 없던 시절 삽이나 괭이를 가지고 팠을 생각을 하면, 마음속에 싸한 바람이 인다. 땅이 세계 3위에 이르도록 넓으니 매사를 크게 하는 것은 이해가 간다. 만 리가 되는 장성이나 9000여 개의 방을 가진 자금성 등. 그러나 황실 가족의 휴식처를 만들기 위해, 여의도의 반에 가까운 정원에 그 4분의 일을 파서 호수를 만든 사실 앞에서, 나는 그저 감탄사를 발할 수만은 없었다. 얼마나 많은 민초들이 피땀을 흘렸을까, 깊이를 예측할 수 없는 짙푸른 물아래 옛 중국인들의 고통스런 모습이 보이는 것 같았다. 그러면서, 스스로 제 살갗을 태우던 제약회사의 연구원 얼굴이 물살 속에 흔들린다.

어제, 오전 관광을 마치고 조선족 가이드는 말했다.

"거기 가서 꼭 약을 살 필요는 없습니다. 하지만 나라에서 안내하도록 정해준 곳이라 안 갈 수는 없습니다. 그런 만큼 약은 믿을 만합니다." 관광지가 아닌 곳에 또 안내해야 하는 미안함을 얼버무리며 가이드는 앞장서 건물로 들어갔다.

스무 명 정도가 앉을 강의실 같은 방에는, 흰 가운을 입은 청년이 우리를 기다리고 있었다. 한방파스에 이어 화상 특효약에 대한 설명을 듣고 있는 중에 화기가 느껴져 고개를 돌려보니, 탁자 끄트머리에서 굵은 쇠사슬이 달구어지고 있었다. '저게 뭐하는 거지, 설마 약 선전을 위해 누군가를 데게 하려고….' 상상만이라도 안 될 것 같아 진저리를 치며 생각을 떨쳐 내었다. 나뿐아니라 다른 사람들도 같은 느낌이었던 모양이다. 누군가 궁금증을 견디지 못하고 물었다. '어쩜 이럴 수가….' 우리들의 우려는 사실이었다.

"하지 마세요, 그냥 약 살 테니까."

사람들이 이구동성으로 소리쳤다.

"미안합니다. 그런데, 이건 우리의 의무입니다. 제가 지금 6개월째 이 과정을 하고 있습니다. 일정 기간을 마치면 승진해서 약속된 연구원이 됩니다. 좀 도와주십시오."

그는 오히려 자신이 실험대상이 될 수 있도록 사정했다. 보지 않겠다고 뛰쳐나간 60대 초반의 두 여인을 다시 모셔오기까지 했다. 그리고는 벌겋게 독이 오른 쇠사슬로 한 번도 아니고 두 번씩이나 손바닥을 지졌다. 그리고 재빨리 약을 바르고 뛰쳐나갔다. 금속성의 외마디 소리들이 방안을 가득 메웠다. 지금까지 거쳐 온 판매소와는 달리 너도 나도 약들을 샀다. 하나에 35000원이란 만만치 않은 약값이지만. 나도 한방파스를 주문했다. 남편은 화상약도 사자고 했다. 인체 실험 때문에 마음이 약해진 탓인가.

어젯밤, 남편 일 관계로 북경에 살고 있는 친구가 숙소로 찾아 왔다. 나는 연구원 얘기를 했다. "여기서는 교통사고 나서 몇 명 죽는 것 따위는 뉴스에 나지도 않아." 그런 일은 다반사라는 듯이 친구는 말했다.

세계 제1의 인구와 세 번째로 넓은 영토를 가진 나라. 그러나 그 규모에 눌려서인지 예나 지금이나 개인에 대한 존중의 정신이 결여된 것 같다. 개인은 그저 무궁무진 이어 나는 자원일 뿐인가.

유람선 안은 지구 최대의 정원을 보러 온 각색의 인종들이 모여 있다. 그들을 맞으려고 나날이 높은 호텔을 짓고 길을 내고 하루가 다르게 변모한다는 중국, 눈부신 경제성장을 하고 올림픽을 유치하고, 머지않아 황색 돌풍을 몰고 올 것이라고 세계가 주시하는 중국, 그 옛날의 대국은 오늘도 대국임에는 다르지 않다.

그러나, 이 광대한 대륙의 한쪽 귀퉁이에 붙은 쪼그만 반도에서 온 나는 개인을 압도하는, 때로는 묵살하기도 하는 그 '대국(大國)'이라는 단어가 왠지 섬뜩하고 두렵다.

2001. 4.

정녕, 모르십니까

2000년 8월 15일, 역사적인 남북 이산가족 상봉이 이루어졌다. '서울도 평양도…, 온 겨레가 울었다.' 16일자 조간 1면의 타이틀처럼 우리 민족은 울었다. 50년 만에 사랑하는 가족을 만난 사람, 꿈에도 그리던 사람을 보지 못하는 사람, 텔레비전을 시청하던 사람, 모두 눈물을 닦았다. 한나절이면 갈 지척에 피붙이를 두고도, 반세기 동안이나 보지 못해 한을 품고 사는 민족이, 이 지구상에 또 어디 있는가.

나는, 우리 집안에도 현실로 나타났으면 하는 바람을 꿈꾸어 보았다.

"엄마 엄마, 이북에서 작은아버지가, 호야아버지가 오신대요."

"뭐라고, 호야아부지가 살아 있다 말이가."

"그렇대요, 시골로 연락이 왔대요."

"세상에, 이런 일도 다 있구나. 호야한테 얼른 전화해라. 너거 아버지가 계셨으면 얼마나 좋아했겠노. 몇 달만 더 살았으면 동생 볼 건데…."

친정에서도 두 명의 숙부가 6·25 때 납치되었다. 한 분은 서울에서, 또 한 분은 대구에서. 함께 갔다가 탈출해 온 이웃들의 얘기로, 두 사람 다 돌아가신 것으로 알고 제사도 지낸다. 이번에 북에서 온 사람 중에는 죽은 줄 알았는데 살아온 사람도 있다. 우리도 그런 요행을 바라고, 두 분 중 한 사람은 올 수도 있다고 상상했다. 가족의 인연으로 살다가 그 죽음을 내 눈으로 보기 전에는, 살아 있었으면 하는 것은, 아니 살아 있을 것이라고 믿는 것은 모두의 심정이 아니겠는가. 하지만 우리의 꿈은 물거품이었다. 허망했다.

나는 사촌들 가운데 호야와 가장 가깝게 지낸다. 동갑나기여서 통하는 점이 있기도 하지만, 힘든 세월을 잘 견디고, 꿋꿋하고 밝게 성장해서 좋아하기 때문이다.

남매를 둔 큰숙모는, 애들이 배필을 맞을 때까지 혼자 사셨다. 당신의 삶은 고단했겠지만, 언니 오빠에게 아버지 없는 설움 외에 큰 상처는 없었던 것 같다. 그런데, 아들 낳고 보름 만에 남편을 보낸 작은숙모는, 호야가 네 살이 되자 시골 할아버지께 맡기고 떠났다고 한다. 할아버지의 사랑이 극진했어도 부모 없이 유년을 보낸 그의 외로움은 심한 허기증을 낳았나 보다. "누가 보면 밥 굶겼다고 했을 거라. 얼마나 식탐을 하는지." 시골 숙모의 말이다. 호야는 초등학교에 들어갈 때, 다시 엄마 곁으로 갔다. 그래도 가끔 우리집에 놀러 오고, 방학이면 며칠씩 묵기도 했다. 어수룩한 나를 곧잘 놀리던 그는 학년이 올라갈수록 조용해지고 말수가 줄었다. 덩치 큰 형이 등 뒤에 버티고 있는 애와 대결하는 아이처럼 의기소침해졌다. 5학년 때 엄마를 따라 서울로 가고, 우린 잊은 듯이 살았다.

큰숙모는 가게를 하면서 가끔씩 집에도 들렀다. 살면서 어려운 고비가 닥치면 울면서 하소연도 하셨다. 아버지는 늘 미안해하고, 여러 가지 힘이 되어 주려고 애쓰셨다. 작은숙모는 떠난 뒤로 발길을 끊었다. 하지만, 캄캄한 밤에 담장 밖에서 숨죽여 울다 돌아가는 숙모를 더러 보았노라고 마을 사람들이 전했다.

중·고등학교 시절 소식이 없던 호야는, 대학 1학년 여름방학에 공학도가 되어 나타났다, 활달하고 당찬 모습으로. 우린 또다시 오빠니 누나니 하면서 어울렸다. 할아버지 산소에 성묘도 하고, 집안 대소사에도 참여한다. 그리고 스스럼없이, 재혼

한 어머니의 안부도 전하고 둘이나 되는 여동생 얘기도 한다.

"우리집 어른이 나를 호적에 올리고 싶어 하지, 아들이 없거든."

이런 말도 웃음 섞어 거리낌 없이 한다.

그렇게 반듯하게 서기 위해 나름대로 얼마나 아팠을까. 숙모는 또 얼마나 뼈아픈 시절을 보냈을까. 세상 물정 모르던 새색시가 서울 명동에 의상실을 차릴 정도로 산 넘고 바다 건넜어야 했을 숙모. 아들 일이라도, 전 남편의 집안으로부터는 전화도 마음대로 못 받고 숨죽이는 시절을 살았던 숙모다.

천만에 가까운 이산가족이 있다는데, 그 모두의 슬픔을 모으면 우리의 강산은 통곡으로 메아리칠 것이다. 어찌 그 뿐이랴. 전쟁 중에 부모를, 자식을, 아내를, 지아비를, 또 연인을 잃은 이들. 그리하여 꿈과 희망, 아니 인생을 잃고 좌절한 사람들의 비통함은 그 무엇으로도 보상받지 못할 것이다.

지난번, 김정일 위원장은 "과거는 말하지 맙시다. 앞으로 잘 합시다." 조금의 미안함도 없이, 오히려 당당하게 말했다. 그런 말이라도 대화할 수 있음에 감지덕지하는 우리의 위정자를 보고, 그 가족들은 그저 가슴속이 숯덩이가 되란 말인가.

'고통이란, 그것이 죽음으로 끝나지 않을 때만 의미가 있다'. 앙드레 말로가 ≪인간의 조건≫에서 한 말이다. 많은 사람들이

통한의 세월을 살다가 비탄 속에 세상을 떠났고 또 떠나려 한다. 이 엄청난 비극을 연출한 그들은 어찌 그 죗값을 할 것인가.

그들은 국민의 마음을 모르는가. 피눈물 나는 고통을 못 느끼는 철의 심장을 가졌는가. 백성을 먹여 살릴 능력도 없으면서, 그렇게 만든 체제유지를 위해 위선의 탈을 벗지 못하는가.

"6·25는 판단 착오였소. 민족 앞에 사죄하오. 더 이상 감출 것도 없소, 하루 빨리 가족이 만나도록 최선을 다 하겠소."

이 멋진 한 마디는 요원한가.

나는 국방위원장과 그가 거느리고 있는 체제의 주역들에게 묻고 싶다.

"정녕 모르십니까."

2000. 9.

피지 못하는 꽃

소아 병동은 잘 가꾸어진 정원을 바라보고 있었다. 철쭉꽃이 봉오리를 터뜨리며 계절의 향연을 벌이는 광경은 눈부셨다. 화사한 정경은 병원임을 잠깐 잊게 했고, 마냥 바라보고 싶었다. 흰 가운 입은 직원들의 분주한 모습을 보고, 이 봄 한가운데서 병실에 갇혀 있어야 하는 사람들이 생각나 얼른 건물 안으로 들어왔다.

부산 사는 사촌 동서의 외손자가 뇌종양을 앓고 있다. 수술하고 통원 치료를 받다가, 어제부터 또 열이 올라 응급실에서 입원할 방이 나오기를 기다리는 중이었다. 돌을 넘긴 지 두 달밖에 되지 않는 아기는, 한 올의 머리털도 없이 가냘픈 모습을 하고 옆으로 누워 있다. 머리 뒤쪽 아래에 제 손보다 큰 혹을 달고 있는데, 물이 차서 커진다고 했다. 예후가 좋지 않은 경우라고 한다. 체중이 줄어 걱정인데 왜 먹지 않느냐고 종질녀는 성화다. 그렇게밖에는 뭐라고 표현할 수 없는 엄마의 심정이 이해된다. 코로 입으로 가래가 그렁거려 힘들어 하는 아기가 애처로워 바라볼 수가 없다. 어린 것이 그토록 엄청난 병을 이길 수 있을까.

아기를 입원실로 들여보내고, 우리는 복도 소파에 앉았다. 뇌종양과 혈액암 환자 병실에는 문병인이 들어갈 수가 없다.

"연초부터 오가면서 왜 연락도 않으셨어요. 지난번 기일에 안 와서 알았다고 경산 형님이 전화하셨어요."

"남부끄러버 아무한테도 말 안했다. 괜히 알리노면 모두들 신경 안 쓰나. 새댁아, 내가 죄를 마이 지은 모양이제."

성품이 활달하여, 옆에 있는 사람까지 기운 나게 하던 형님이 변해 있었다. 하나뿐인 딸이 낳은 첫아이가 10개월이 되기 전부터 앓기 시작한 것이다. 불교 신자인 그는 자신의 업보라고 생각했다. 불교에 입문한 지 얼마 되지 않는 나로서는 무어라고 위로할 말이 없었다.

형님은 시집온 지 20년이 넘은 내게 아직도 새댁이라고 한다. 1년에 한두 번 만날까 할 정도로 멀리 살지만, 볼 때마다 살뜰하게 정을 내어 친동서 외에 내가 가장 가까이 느끼는 사람이다. 그는 둘째지만, 교회에 다니는 맏동서 대신 시부모 제사를 지성으로 모시고, 경산에서 지내는 내 시아버님 기제사에도 거의 빠지지 않는다. 올 때마다 비싼 해산물들을 최상품으로 준비한다. 고맙다고 인사하면,

"여기보다 싸다아이가. 큰아버님 기일인데 당연히 할 일을 가지고 와 그라노, 그래 인사 자꾸 하면 남 같은 기라."

집안에 바쁘거나 힘든 일이 있으면 어디든 달려가서 도와주는 인정 많은 사람이다. 내가 아는 형님이라면, 그의 죄업으로 외손자가 병이 난 것은 아닐 것이다.

소아암 병동의 환자들은 거의가 장기 입원을 한다. 항암제 때문에 하나같이 머리는 하얗게 벗어졌고, 핏기 없는 얼굴은 투명하리만치 깨끗하다. 운동장에서 놀이터에서 뛰놀며 그을고, 땀과 먼지로 얼룩져야할 얼굴에는 감염에 대비해서 마스크까지 한 아이도 있었다. 저 어린 싹들에게 왜 이런 고통이 오는 것일까. 저렇게 있다가 퇴원하는 아이도 있지만, 중환자실로 내려가서 다시 올라오기도 하고, 영 오지 않는 애들도 하루에 몇 명씩 된다고 형님은 작은 소리로 말했다. 병문안이라고 왔지만, 희망을 줄 수 있는 말도 한 마디 못하고 병동을 나왔다.

인명은 재천이라고 한다. 대개의 사람들이 그 말에 공감하면서 위안을 주기도 하고 받기도 한다. 그러나 그런 말들도 어

느 정도 인생을 경험한 환자들에게 하는 말이다. 태어난 지 얼마 되지 않아, 엄마 아빠나 알 정도인 아기가 몹쓸 병에 걸렸을 때 우린 할 말을 잊는다.

모든 생명은 나고 죽는다. 죽음까지도 삶의 일부라고 했다. 활짝 펴서 제 생명의 최고를 맛본 후에 시드는 꽃들은 섭리라고 여겨진다. 그건 당연한 귀결이라, 아쉽기는 해도 안타까운 일은 아니다. 이 세상에 태어난 모든 생명체는 나름대로의 의미가 있을 것이다. 육안으로 잘 보이지 않는 미세한 생물에서부터 인간에 이르기까지. 생명력을 발산하며 하고 싶은 일을 하고, 후손을 퍼뜨리고, 누군가에게 기억되고, 그렇게 삶을 다 해 간다면 조물주의 뜻이라고 여길 수 있을 것이다. 저 어린 생명들은 어떻게 말할 수 있을까. 그들도 그들의 의미를 다한 것일까.

베란다에 동백을 키우면서 겨울이 오면 눈여겨보게 된다. 올해는 또 얼마나 많은 꽃이 탐스럽게 필까 싶어서다. 그러면서, 생긴 꽃망울이 모두 다 피는 것이 아니란 것을 알게 되었다. 바로 옆의 꽃들이 다 피었다가 지도록 벌어지지 않고 오므린 채 딱딱하게 굳어 있는 몽우리가 있다. 이상하게 느껴져 손을 대어 보면 꼭지째 떨어져 버린다. 강한 자만 살아남는다는 생존 법칙에 기인하는 것일까. 생겨날 때부터 뿌리에서 수액을

끌어 올리는 능력을 갖지 못한지도 모른다.

인간도 자연의 일부임에는 틀림없지만 그냥 그렇게 받아들일 수 없는 무엇이 발길을 무겁게 한다.

병동 밖에는 여전히 따사로운 햇살을 받은 꽃들이 빛나고 있다. 저 많은 꽃들 중에도 미처 펴 보지도 못하고 떨어지는 꽃봉오리가 있겠지. 피고 지는 것은 사람이 다스릴 수는 없는 일이 아닌가.

그래도 동서의 외손이 빨리 회복되었으면 좋겠다.

2003. 5.

얘들아 미안해

바람은 미친 듯했다. 베란다의 유리 창문이 떨어져 내릴까 두렵다. 외부와의 소통이 되는 모든 문은 걸어 잠갔다. 집안은 아늑한 섬이었다. 짐승의 울부짖음 같은 바람 소리는 그치지 않는다. 어떤 바람이기에 저런 소리가 날까. 현관문을 밀고 복도로 나왔다. 갑자기 나타난 표적물을 향해 맹사격을 가하는 바람 앞에서 잠시 휘청거렸다. 가슴까지 오는 안전벽을 의지해서 몸을 낮추고 아래를 내려다보았다. 15층 아파트의 중간 이상 올라온 키 큰 나무가 평소의 점잖음을 버리고 온몸으로 격한 춤을 추고 있다. 놀이터 주위에 숲을 이룬 나무들은 아우성치며 광란의 몸부림을 했다. 짙은 어둠 속에 바람만이 질주한다.

강력한 비바람을 동반하고 전국을 강타하리라는 태풍 '올가'

가 서서히 위력을 발휘하는 모양이다. 이미 사흘간 내린 집중 폭우로 경기 강원 북부지역과 서울 일부가 침수되었는데 큰일이다. 이처럼 엄청난 바람의 실체를 본 적이 있었나. 최근에는, 아니 성인이 되고는 없었던 것 같다. 단 한 번 그 옛날을 빼며는.

태풍 '사라호'는 무서웠다. 초등학교 저학년 때의 몇 안 되는 기억 속에 뚜렷이 각인된 사실. 오도카니 방안에만 있었던 추석이었다. 집안일, 가게 일에 늘 바쁜 어머니에게 투정은 못하고, 추석빔이 없던 울적한 심사를 달래지 못해 방안에서 뒹굴고 있었다. 내 심정을 이해하는지 추적추적 비가 오기 시작했다. 빗줄기가 굵어지더니 세찬 바람까지 동반했다. 어린 맘에, '잘됐다. 새 옷 입은 애들도 밖에 못 나오겠지.' 골목길이 흔들리도록 뛰어다닐 애들을, 옷 자랑할 애들을 보지 않아도 될 것이 다행이었다. 마음속에 자리잡은 우울 덩어리가 세찬 빗줄기에 씻겨 속이 후련해졌다. '비야, 그치지 마라. 아이들이 나오지 못하게, 종일토록 내려라.' 아마도 나는 그렇게 빌었을 것 같다.

2층 마루방에는 골목길에 면한 창이 있었다. 즐거워야 할 한가위가 그렇게 허물어져가는 것을 바라보며 빗물이 씻어 내리는 창 앞에 앉아 있었다. 차츰 바람이 거세지고 옆집 지붕 위에서 무엇인가 날아갔다. 가게의 함석 간판이 떨어지며 요란한 소리를 내더니, 어느 집에서 유리창 깨지는 소리가 연이어 터졌다. 여느 때 비와는 뭔가 달라진다고 느낀 나는 창가에 앉아 있을 수가 없었다. 외출에서 돌아오신 아버지는 떨어지는 각목에 맞아 이웃집 아저씨가 다쳤다고 했다. 이 세상 모든 물건들을 쓸어갈 것처럼 사납던 바람은 전깃불마저 꺼버려 그 밤은 어둠 속에서 떨었다.

다음날 학교 가는 길은 수없이 많은 가로수가 쓰러져 있었고, 어디에선가 날아온 널빤지, 함석 조각, 찌그러진 간판들로 어지러웠다. 그런데 그보다 더 큰 일은 교실에서 알게 되었다. 개천에 다리가 끊어졌거나 집이 물에 잠겨서 오지 못한 친구 때문에 군데군데 책상이 비었다. 시가지 중앙에 있는 우리집에서는 물난리라는 것을 볼 수 없었다. 나는 후회했다. 비가 오는 것을 차라리 좋아했던 자신이 큰 잘못을 저질렀다고 생각했다. 친구들에게 속으로 용서를 빌었다. 그 다음날도 오지 못했던 급우는 며칠이 지나서 핼쑥한 모습으로 나타났다. 아버지가 돌아가신 것이다. 처음으로 나는 알았다, 비가 많이 와도 사람이 죽을 수 있다는 것을.

우리 국토 중앙을 통과했던 '사라호'는, 지금까지 가장 강력했던 태풍이었고, 제일 많은 피해를 입혔던 것으로 기록되었다. 그러나 도회지 한복판에 살던 나는, 오늘날처럼 현상을 적나라하게 보여 주는 텔레비전 화면도 없어 그 실상을 잘 알지 못했다. 그래도 39년이 지난 지금까지, 그 해 추석을 잊지 못한다.

방송은 종일, 수해 소식과 태풍 '올가'의 피해 규모, 그 진로에 대한 보도 일색이다. 시가지 전체가 황톳물에 잠겨 지붕만 보이는 문산. 40미터나 제방이 유실된 댐으로 물바다가 되어 버린 연천. 그곳들의 교통수단은 자동차가 아니라 고무 보트였다. 사흘 동안 내린 엄청난 폭우가 집과 축사를, 비닐하우스를, 공장을, 마을을 삼킨 것이다. 흙탕물 속에 떠다니는 가재도구, 지붕꼭대기에 올라선 돼지들, 몸만 빠져나온 학교 교실의 이재민들. 사방 천지가 물이 가득한데 아기 우유 탈 물이 없다는 아기 엄마. 안타깝고 안쓰러운 모습들이다. 그 속에는 옛날 내 또래의 어린이들도 많다. 아직 세상을 모르고 철부지인 그들의 기억에 비수처럼 꽂힐 것이다, 올해 여름 이 물난리가.

800밀리 이상 강수량이 쏟아진 불가항력적인 피해 지역도 있지만, 지난해 수해 복구를 장마 전에 마치지 못하고, 주민의 건의 사항을 예산 부족으로 무시해 버린 행정청의 잘못으로 비롯된 곳도 있었다. 작년에 이어 연거푸 당한, 또 3년 만에 다시 화를 입은 사람들은 수방 대책을 시기적절하게 하지 못한 정부에 대한 원성이 수마에 입은 상처만큼 컸다.

군청으로 시청으로 달려가 삿대질을 하고 항의를 하는 어른들 뒤에 웅크리고 고개 숙인 아이들의 마음은 또 얼마나 참담할까. 물 빠지고 난 진흙 구덩이 속에서 찾아낸 책과 학용품, 의욕을 잃고 시름에 젖은 부모의 모습을 보며 아무런 투정도 부릴 수 없는 어린 마음의 상처를 누가 달랠 수 있을까. 그들은 1년, 2년, 아니 10년 30년, 늙어 죽을 때까지 잊지 못할 것이다. 뛰놀던 집 앞마당도, 동네 골목길도, 논도, 밭도, 모두가 바다가 되어 버린 이 광경을. 하염없이 하늘을 바라보며 한숨만 쉬는 엄마 아빠를. 먹고 싶은 것, 갖고 싶은 것, 아무것도 말할 수 없는 그들의 슬픔을.

식수도 전기도 끊겨 버린 암흑 천지에, 태풍은 비바람을 몰고 진격하고 있다. 어린 영혼에 남긴 상처가 더 크지 않았으면 좋겠다.

1999. 8.

아버지의 목소리

"아, 여~보~시오."

쉰 음색의 말이 나지막이 떨려 나온다. 어머니가 잠깐 자리를 비웠는지 아버지가 직접 전화를 받으신다. 내일 가겠다고 말씀드리고 얼른 전화를 끊었다. 지난해부터 부쩍 기운이 떨어진 목소리가 이젠 거의 힘을 느낄 수가 없다.

얼마전 오랜만에 문우(文友)를 만났다. 함께 배운 선생님께서 특별한 병은 없는데 곧잘 편찮으시다는 이야기를 했다. 같이 걱정을 하다가 그는 이런 말을 하였다.

"선생님께선 그래도 장수하실 거예요. 목소리가 카랑카랑 하시잖아요."

그는 할머니의 예를 들어 말했고, 나는 아버지를 생각하면서 그 말에 전적으로 동의했다. 사람의 수명과 목소리의 상관

관계가 어느 정도 밀접한지 정확하게 모르지만, 그가 들었다는 '말소리에 기(氣)가 살아 있으면 오래 산다.' 는 말은 일리가 있다고 생각되었다.

아버지의 목소리에서는 언제나 강한 기를 느낄 수 있었다. 늙으셔도 발음이 분명하면서 맑은 음성을 가지셨다. 또렷한 어조로 말씀하셨고, 언짢은 일이라도 있으면, 바람부는 날 다른 솔가지 타 들어가듯 목소리가 커져 사람들을 놀라게까지 하셨다. 아버지의 말씨는 잘못을 그냥 지나치지 못하는 생활 태도와 함께 당신을 위엄과 두려움의 대상이 되게 했다.

약주를 좋아하시는 작은 아버지는 과음이 잦은 편이다. 몇 해 전 추석 때, 취중에 조카들 앞에서 실수를 한 일을 듣고, 환갑을 넘긴 동생이 무안하도록 나무라셨다. 숙부는,

"이 나이에도 형님이 겁나니 참…."

얼굴을 붉히며 웃으셨다.

아버지는 직업을 여러 번 바꾸셨다. 조그만 사업체를 운영할 때는, 미처 아버지의 참뜻을 알지 못하고, 책망하듯 하는 아버지의 말에 서운해서 나가 버리는 사람도 있었다. 장사를 하실 때도 손님이 못마땅한 행동을 하면 큰 소리로 화를 내서 쫓으시곤 하였다. 그래서 가게는 거의 어머니가 맡아 보셔야 했다. 신행 다음날, 무엇인가 챙겨둘 일을 잊었다고 소리치는

아버지에게 놀라 뒤꼍에서 우셨다는 어머니는 살면서 많이 힘드셨을 것이다. 그래도 옆집 아주머니들이

"숙이 엄마는 속도 좋네. 그렇게 소리쳐도 웃고만 있어."

하면, "타고난 성질인데 우짭니꺼. 소리칠 때뿐이고 뒤는 없심더." 라고 응수하셨다.

자라면서 나는 내성적인 아이였다. 지금도 그렇지만, 흥을 낼 줄도 모르고 잘 놀지도 못하였다. 명랑하고 애교 많은 애들을 부러워했다. 대학가서 처음 미팅을 할 때 분위기도 마음에 들지 않았지만 거의 말을 하지 않았다. 나중에 친구를 통해 들은 애기는 '꿔다 놓은 보릿자루 같다.'는 평이었다. 그 후로 두 번 다시 그런 장소에 가지 않게 되었다. 이제는 직장생활의 경험과 중년에 든 나이 탓으로 낯선 사람에게도 스스럼없이 말을 붙일 수 있게 됐지만, 감정 표현에서는 미숙한 점이 많아 나 자신에게 불만이 많다. 이런 성격은 남동생들은 좀 예외지만 우리 형제들의 공통점이다. 나는 우리들의 이런 성품의 원인은 아버지라고 생각했다.

칭찬에 인색하고, 허튼말은 전혀 하지 않고, 잘못은 준엄하게 호되게 나무라시는 아버지. 무엇보다 우리를 주눅들게 하는 것은 목소리였다. '상냥하고 다정한 아버지는 아이들을 불행하게 만들고 게으르게 한다.'는 프랑스 속담을 신봉하는 사람처

럼 아버지는 글자 그대로의 엄부(嚴父)이셨다. 언니는 맏이로서의 의무감에서인지 가끔 도전장을 냈다. 결국 아버지의 큰 목소리에 울먹이며 항복했고, 우린 하고 싶은 말을 다 못하고 컸다. 아버지의 손을 잡고 가 본 기억이 없다. 크게 혼난 일은 없지만 잔정을 겉으로 드러내지 않으셨기 때문에 저만치 거리를 두게 되었고, 우리 형제가 탈 없이 자란 것은 어머니의 자애(慈愛) 덕분이라고 믿었다.

그런데 어른이 된 지도 한참 지난 후, 아버지의 큰 소리 뒤에 담긴 따뜻한 마음을 읽고 몹시 부끄러웠다. 막내 동생 결혼 무렵이다. 두 동생의 혼인식에 참석 못한 일도 안타까웠고 연로하신 부모님도 도울 겸 미리 친정에 갔다. 하객들에게 답례로 내는 식사비가 문제가 되었다. 아버님이 주문하신 것이 일반적으로 내는 것보다 꽤 비싼 것이라 재고하시기를 청했다가 크게 혼이 났다. 아버지는 팔순을 바라보는 나이를 믿을 수 없게 우람한 소리를 내셨다.

"부조 받고 장사할 생각 하지 말고 음식 낫게 해서 잘 먹고 가게 해야지."

사시던 집을 줄여, 막내아들 살림을 내주는 형편을 염두에 두지 않으시는 아버지 앞에서, 나는 아무 말도 하지 못했다.

아버지는 칠순 팔순 잔치를 다 거절하셨다. 오래 산 것이 뭐

자랑이라고 자식들 힘들게 하고 남 피해주느냐고 완강하게 말씀하셨다.

언제 어디서나 떳떳하셨기에 그렇게 큰 소리를 칠 수 있었던 것이 아닐까. 아버지에게 질책을 받고도 궁금한 것을 의논하고, 명절이면 인사를 오고, 병환의 차도를 묻는 친척이나 이웃들이 그저 있는 것은 아닐 것이다.

11년 전, 아버지는 위암 진단을 받아 일흔 다섯의 고령으로 수술을 받으시고, 힘든 시기를 다 극복하셨다. 단호한 말투 뒤에 숨은 강인함과 절제의 힘이었으리라. 살아가며 힘든 고비에서 주저앉지 않도록, 아버지의 그 힘찬 목소리가 채찍이 되었음을 깨닫게 되었는데 아버지는 기력을 잃어 가신다.

아버지가 입원하셨다는 올케의 말을 듣고, 병실로 전화를 했을 때 들린 아버지의 음성―그것은 예전의 그것이 아니었다. 아버지의 고함치듯 하는 말을 무척이나 원망했던 어린 시절이건만, 이제 와서 그 두렵던 음성이 그리워질 줄이야….

1997. 10.

저녁이 아름다운 집

3월 마지막 주말의 인사동은 오가는 사람으로 어깨가 부딪힐 정도다. 부푸는 봄기운 속에 문화에 대한 욕구도 커진 탓이리라. 언니가 말한 미술관은 찾기가 어렵지 않았다.

<저녁이 아름다운 집>이란 표제가 붙은 전시장에서 한 무더기의 사람들이 나온다. 지인을 배웅하고 돌아서는 언니에게 소리쳤다. "축하합니다. 인사동까지 진출한 거." "으응, 왔구나." 언니는 함박꽃이다.

"이번은 4인전이네, 칠순에 개인전 연다는 것 수정해야겠다. 아직 10년도 더 남았으니."

홀 안은 적당한 수의 관람객들이 또 전시장을 꾸며주고 있다. 지나며 들르는 이도 꽤 된다고 상기된 채 말하는 언니에게 손님이 그림엽서를 주문한다. 나는 팸플릿을 들고 혼자 그림들로 다가간다. 안내 책자 첫 장에는 "오늘 이 전시회에 참가한 이들은 자신의 삶의 저녁을 아름답게 그려 가는 사람들이다. 그것은 그들 삶의 비망록이기도 하다."라는 구절이 눈에 띈다.

6년 전 대학 사회교육원에서 한지화 단체전을 연다고 할 때, 아 이제 언니가 제 자리를 찾았구나 생각했다. 대학교정 안에 있는 전시실을 찾아갔을 때, 한지를 뜯어서 꼬기도 하고 피우기도 하면서 수채화 같기도 유화 같기도 한 질감을 표현하는 법을 설명하던 언니는 방생되어 바다로 돌아간 물고기처럼 활기가 넘쳤다.

언니는 손재주가 남달랐다. 사촌 언니가 시집갈 때 이불깃, 베갯잇, 방석 같은 수예품을 한 보따리 선물했다. 손발을 함께 써야하는 재봉틀에 서툰 나대신 옷 만드는 가정숙제를 해주었다. 미장원에서 자르고 온 머리 모양이 고르지 않다고 다듬어 주던 언니는, 내가 단발머리 중학생일 때는 아예 전용 미용사였다. 가사 실습 때 배운 것을 동생들을 위해 곧잘 만들었고, 우린 도넛, 카레라이스, 유부초밥을 먹으며 엄마의 향토적인 음식에서 못 느끼던 새로운 요리세계를 황홀하게 맛보았다.

의상 디자인을 공부하더니 조카들 옷이며, 본인은 물론 내 스커트, 바지, 외출복까지도 만들었다. 목공예, 코사지…. 끊임없이 여가시간을 활용하던 시절도 형부가 사업을 시작하고 끝이 났다. 10년 이상 함께 바깥일을 해야 했던 그는 항상 목마른 채였다. 꿈을 놓치고 사는, 허기진 모습이었다.

내년이면 회갑을 맞는 언니는 이제 숙제를 마친 아이가 되어 하고 싶은 그림을 그린다. 사업도 궤도에 올라 언니가 대일 출근을 하지 않아도 되고 두 아들은 가정을 이루어 집을 떠났다.

노을을 배경으로 화폭 가득 갈대밭이 펼쳐진 언니의 그림 앞에 섰다. 순한 바람 속에 한 방향으로 조금 기울어진 갈대들이 오히려 안정감이 있어 보인다. 중앙에서 약간 오른 쪽으로 비껴 황금색의 아주 큰 갈대 하나가 은근히 돋보인다. 풍요로운 결실을 의미하나 생각하다가 저녁을 아름답게 만드는 화가 자신이라고 의미를 붙여 본다.

나무를 예찬한 사람은 단풍 드는 나무처럼 살 수 있으면 좋겠다고 말한다. 물론 생물학적 이야기가 아닐 것이다. 어떻게 사는 것이 아름다운 삶일까. 종교인들처럼 고통 받는 이들을 위해 헌신하는 생은 아름다움을 넘어 숭고한 일이지만 참으로 어려운 일이다. 물질적으로 힘든 이를 위해 자기가 가진 것을 나누는 삶도 분명 아름답지만 한계가 있다. 삶의 고비고비 험준한 능선을 넘으며 맡겨진 임무를 다하고 늦게나마 하고 싶은 공부를 하는 사람들, 그들도 나무처럼 사는 게 아닐까.

전시장을 한 바퀴 돌고난 내게 언니는 일흔은 훨씬 넘었을 것 같은 할머니를 소개했다. "같이 출품한 분이셔. 공부하러 올 때마다 효자 아들이 꼭 차를 태워서 모시고 온다." 굵게 골진 얼굴은 쉽지 않은 세월을 보냈음을 짐작케 한다. 그녀는 청상으로 4남매를 전문직으로 키워 내고 이제 자아를 실현하는 중이란다. 자매가 많이 닮았네 하시는 할머니 뒤로 저녁놀을 배경으로 그린 전시회 포스터가 화안하다.

2004. 4.

2부

그녀의 변주곡

그 책, 그 한 마디

여행에 대한 충동이 일 때, 쉬 떠날 수 있는 사람을 나는 진정으로 부러워한다. 여행을 좋아하는 이유 중의 하나는 해방감이다.

나는 여행지에서 아이스크림을 먹으며 걷기도 한다. 영화 속의 여인처럼 스웨터를 허리에 묶고 거닐기도 한다. 낯선 남자와 거리낌 없이 이야기도 한다. 일몰을 바라보며 못 박힌 듯 서 있기도 한다. 그래도 나를 이상하게 보는 사람은 없다. 가끔 아무에게나 아무 곳에나 아무것으로부터 제약을 받지 않는 나 자신이 되고 싶다.

"그러니 나를 좀 제발 그냥 놔두시오!"

이 한 마디는 파트리크 쥐스킨트가 지은 ≪좀머 씨 이야기≫에 나오는 말이다.

좀머 씨는 화자(話者)의 유년 시절에 이웃에 살던, 동네 사람들에게 화제가 되었던 사람이다. 그는 죽음에 대한 두려움 때문에 한 곳에 머무르지 못했다. 잠만 깨면 끊임없이 걸었다. 해가 뜨기 전 이른 새벽부터 달이 하늘 높이 뜨는 밤이 되기까지 걸었다. 비바람이 휘몰아쳐도, 푹푹 찌는 여름날에도, 혹독한 겨울 날씨에도 걷기를 중단하지 않았다. 평생을 죽음으로부터 도망치는 것만으로 살다가 결국 아무 일도 하지 못하고 죽었다.

말하기 좋아하는 사람들의 입에 수없이 오르내렸지만, 제대로 된 변명이나 대꾸가 없던 좀머 씨였다. 그러던 그가, 변덕스럽고 사나운 날—뜨겁게 찌는 듯한 날씨에서 돌풍이 휘젓다가, 포도송이만한 빗방울이 내리꽂히다가, 당구공만한 우박이 떨어지다가 다시 비가 온 날—도저히 앞으로 갈 수 없어 차를 정지시키고 있던 화자와 아버지가 좀머 씨를 발견하고 차를 타라고 재촉하며 "그러다가 죽겠어요."라고 말하자, 처음으로 분명한 어조로 한 말이다.

"그러니 나를 좀 제발 그냥 놔두시오."

유년의 여러 이야기를 통해 훈훈한 느낌을 받았던, 심리묘사에 나타난 아름다운 동심에 미소 지었던 작품에서, 이 한 마디는 묵직하게 마음을 눌러왔다.

우리의 이봉주 선수가 우승하여, 올림픽에서의 석패(惜敗)의 한을 풀었던 50회 후쿠오카 마라톤 대회 때, 올림픽 금메달리스트 조시아 투과니는 28킬로미터에서 레이스를 포기했다. 그는 너무 불려 다니다가 연습을 못했다고 한다. 그가 이봉주 선수에게 준우승을 안기고 월계관을 쓰자, 그의 조국 남아프리카 사람들은 그를 그냥 두지 않았다. 여기저기서 상금도 탔고, 그로 인한 협박에 시달리기도 했다고 한다. 그는 일찍 '나를 그냥 좀 놔두시오.'란 말을 했어야 했다.

≪좀머 씨 이야기≫의 저자 쥐스킨트는 지금 운둔생활을 하고 있다. 그의 작품 ≪향수≫가 30여 개의 언어로 번역되고 천만 부 이상 팔리는 성공에도 아랑곳없이 모든 문학상 수상을 거부하고 사진 찍히는 일조차 피하고 있다고 한다. 또 자신의 일에 대해 발설한 사람이면 누구라도 절연을 선언한다고 한다.

많은 화제를 뿌리며 전 세계 매스컴의 조명을 받던 영국의 전 황태자비 다이애나는, 사진 기자의 카메라를 피하려다 죽음을 맞았다. 그도 수없이 부르짖었을 것이다. '나를 좀 그냥 두라.'고.

언론은 한 개인을 영광스럽게도 만들지만 그의 사생활과 자유를 침해하는 횡포 또한 적지 않다. 공인이나 유명인이기 때문에 겪는 어려움은 더 많을 것이다. 그러나, 알려지지 않은 보통 사람들 역시 타인으로부터 자유롭고 싶기는 마찬가지가 아닐까. 오늘날의 시대가 지나치게 남에 의해서, 타인과의 접촉에 의해서 살게 하기 때문에 혼자되고 싶은 욕망이 간절하게 되는지도 모른다.

내가 고등학교에 다니던 시절 교우 관계로 우울한 때가 있었다. 기운없어 보인다고 어머니는 나를 환자로 만드셨다. 이것저것 먹을 것 입을 것 배려를 해주는 어머니가 오히려 성가셨다.

그러면서 나는 아들에게 모정(母情)이란 울타리를 쳐서 불필요한 친절을 베풀고 사랑이란 이름으로 간섭을 한다. 그러다 "내가 알아서 할께요." 탁구공이 튀어 오르듯 돌아오는 한 마디에 서운해 한다.

"그대로 두세요, 그러면 제 그릇만큼 큽니다." 하는 어느 정신과 의사의 말에도 들을 때만 고개를 주억거린다.

우리는 곧잘 남의 얘기를 한다. 이웃집 과년한 딸에 대해서, 얼마 전에 남편을 사별한 젊은 여인에 대해서, 이혼하고 혼자 아이들을 키우는 아버지에 대해서, 일을 갖지 않고 방황하는 젊은이에 대해서, 공통의 화제가 될 수 있으면 누구라도 꺼리지 않는다. 그의 내면은 보지 못하고 외양만 말한다. 그가 처한 상황은 이해하지 않고 자기 입장에서 결과만 가지고 판단

한다. 비방이든 칭찬이든 당사자에 대한 배려는 없이 부담없이 즐기기까지 한다. 발 없는 말이 천 리를 가도록 내버려 둔다.

창문을 흔드는 바람소리가 차다. 나신(裸身)을 가릴 잎새 한 장도 남아 있지 않은 은행나무가 유난히 추워 보인다. 어느 산사(山寺)에 가서 소담스런 눈 덮인 경내(境內)를 걷고 싶다. 혼자 여행이라도 떠나고 싶을 때, 주위의 많은 이들에게 향한 호기심이나 지나친 관심 어린 시선을 거두는 노력도 해야겠다.

그가 "나를 좀 내버려 두세요." 하고 외치기 전에.

1997. 12.

그녀의 변주곡

"짜증을 내어서 무엇 하나, 성화는 부려서 무엇 하나…."

음악에 맞춰 발이 나가고 팔이 올라가고 온 몸은 리듬을 타야 한다. 50년이 넘도록 굳어진 표정에 농염한 기생의 이미지를 심는 일, 반백이 되도록 민요 가락에 흥을 내 보지 못한 몸을 곡조에 맞춰 궁싯거리는 일은 아기가 걸음마를 배우는 것만큼이나 어렵다.

"얘들아, 그렇게 엄숙해서 한량의 마음이 동하겠냐. 웃어 봐 요염하게."

"팔다리가 제대로 놀아야 웃든지 하지."

한바탕 웃음소리가 동창회 사무실로 쓰는 아파트를 흔든다.

여고 동창회에서 개교 80주년 행사로 기별 장기자랑을 푸짐하게 해 달라는 요청이 왔다. 마침 우리 동기회장이 학창 시절 소질을 발휘해서 한국 고전 무용을 공부하는 터라 그에게 입

춤을 배우기로 했다.

나는 참으로 흥을 낼 줄 모른다. 고등학교 시절 수학여행을 가서 밤이 되었을 때, 누군가의 제안으로 불을 끄고 춤을 추기로 했다. 그 당시 유행하던 게 트위스트였던가. 애들은 흔들어 대는데 나는 어쩔 줄 모르고 서 있었던 기억이, 어울리지 못하던 부끄러움으로 남아 있다. 성격 탓도 있겠지만 가정환경이나 성장배경이 영향을 준 것 같다. 시간이 나면 신문이나 책을 읽으시던 엄격한 아버지와 빠듯한 살림을 꾸리느라 가게일과 집안일에 바쁘던 어머니가 살아가는 모습만 보고 자란 것도 관계는 있지 않을까. 노는 것도 학습이 필요하다는 생각이 든다. 최근 나는 내 속 깊은 곳에도 흥이, 신명이 감춰져 있음을 발견했다. 인습이나 만들어진 외양 속에 묻혀 드러나지 않았던 인간 본연의 흥취 같은 것을.

6개월 전부터 새로운 운동을 시작했다. 몸과 마음을 함께 단련하는 것인데 여러 수련 중에 내가 가장 좋아하는 것은 진동수련이다. 다리를 어깨너비로 벌리고 무릎을 약간 굽힌다. 무릎과 허리를 중심으로 가볍게 반동을 주며 위아래로 흔든다. 서서히 진동 상태에 몰입한다. 어떤 동작을 할까 신경 쓰지 않고 몸에서 나오는 자연스런 리듬에 모든 것을 맡긴다. 머리부터 발끝까지 전신을 느끼면서 몸을 충분히 풀어준다.

옆 사람이 잘 안 보일 정도로 어두운 조명 속에서 눈을 감고 음악을 듣는다. 음의 높낮이는 없이 둔탁하게 두드리는 소리는 막대기거나 방망이, 큰 북 작은 북 여러 가지다. 크게 작게, 길게 짧게 들리는 소리는 귀를 통해 가슴으로 머리로 의식 속에 아니 무의식에까지 닿는다. 내 몸은 나를 떠나 허공으로 우주로, 현재에서 과거로 아득한 옛날 시원(始原)으로 간다.

"덩 더엉 더덩쿵."

영혼을 울리는 음향에 맞춰 나도 무리 속에서 춤을 춘다. 내 머리에는 색색의 꽃이 꽂혀 있고 풀과 잎들로 엮은 옷을 걸쳤을 것이다. 부족의 새 족장이 등극하거나 가을걷이를 끝낸 후인지도 모른다. 끝없는 평원에서 눈이 시린 하늘 아래 나는 온몸을 열락으로 물들인다.

예술의 근원이던 춤과 노래의 역사는 원시 제천의식으로 거슬러간다. 누구나의 원초적 본능 속에는 몸을 흔들고 싶은 충동이 있을 것이다. 더구나 ≪삼국지≫의 <위지동이전>에 나온 것처럼 옛적부터 가무를 즐기던 우리 민족이 아닌가, 그 후예인 나도 끼가 없으랴. 누군가 보고 있다는 생각도, 내 춤이 멋질까 꼴불견일까 하는 의식도 없이 30분 정도 흔들고 나면, 땀을 흘린 몸은 개운해지고 머리는 해맑아진다. 이런 경험이 없다면 무용을 배운다고 한 시간이 넘어 걸리는 곳까지 차를 갈아타면서 매주 가게 되지는 않을 것이다.

70년대 중반 첫 직장에서 나를 '권소저'라 부르는 아버지뻘의 연구주임이 있었다. 남자 세계가 어떤 건지도 알아 둘 필요가 있다고 회식 뒤에 카바레를 구경시켜 주셨다. 나는 동료 여교사와 겨우 맥주 한 잔을 홀짝였다. 사교춤이란 나중에 남편 되는 사람과 추어야할 것이란 느낌을 받고 현장학습을 마쳤다.

남편도 그쪽으론 별 관심이 없고, 스스로도 몸치라고 생각해서 노는 자리에서 기를 펴지 못했다. 요즘 밸리댄스, 살사춤, 탱고 같은 것들이 유행이지만 그저 나와는 먼 얘기로 알았다. 그런데 언젠가 이매방의 춤사위를 보고 그 몸놀림이나 어깨선, 손의 흐름에 감탄하면서 우리 춤에 매료되었다. 나도 할 수 있을까 한번 해 봤으면 했다.

뻣뻣한 몸을 굴신(屈身)하면서, 팔에 부드럽게 율동을 넣으면서, 앞으로 갔다가 뒷걸음질치면서, 새로운 희열을 느낀다. 심마니가 산삼을 찾듯, 광부가 광맥을 찾듯, 내 속 깊이 숨어있던 흥을 캐내어 태평가 선율에 맞춰 손을 들어 올린다. 머지않아 한량무도 승무도 출 수 있는 그날을 꿈꾸며….

해를 거듭하며 늘어나는 인간의 수명을 생각하면 그녀의 변주곡은 한 곡으로는 모자랄 것이다. 2006. 4.

다시 찾은 이름

옆집 유신이가 '민정'이로 이름을 바꿨다. 본인이 남자 같아 싫어한다고 철학관에 가서 꽤나 큰돈을 주고받은 이름이라고 했다. 쉽게 이름을 바꿀 수 있는 기회를 초등학생에게 준 것은 참 멋진 발상이다. 이왕에 그 위 학생에게도 혜택을 주었더라면 사춘기를 앓는 청소년들이 좀 적어지기도 할 텐데….

내 이름을 작명가에게 물어 본 적은 없다. 피천득 선생처럼 한 획 모자라 부자가 안 되는 이름인지(수필 <피가지변>에서), 한 획이 많아 큰 인물이 못되는 이름인지 알 수가 없다. 그러나 나는 내 이름 불리기를 좋아한다. '○○엄마'라고 불러주는 것보다 '○○○'씨라고 불릴 때가 상쾌하다. "김실아." 어머니가 부르실 때보다, "태숙이냐." 하시는 아버지의 전화를 받을 때가 더 기쁘다.

특별히 예쁘다든가 마음에 들어서가 아니다. 사실 한 때―'권태'란 말의 뜻을 알았던 사춘기―내 이름이 무척 싫었다. 할아버지가 원망스러웠고 자신의 의사를 전혀 반영하지 않은 부모님도 미웠다. 같은 방송반 남학생이 이름으로 놀릴 때, 순발력이나 재치가 없는 나는 무척 속상해 했다. 반박할 거리를 찾느라 어려운 수학문제 푸는 것보다 더 열심히 며칠을 끙끙대었다. 내 소개를 할 때는 언제나 성을 말하고 잠시 뜸을 들였다가 이름을 말했다.

태(胎)를 두르고 이 세상에 나왔다고 붙여준 이름, 딸이라는 이유로 항렬자도 얻지 못한 이름, 특별한 바람이나 의미도 없는 이름, 다만 일제(日帝)의 잔재를 느끼게 하는 '○자'가 아님을 위안 삼던 이름이다. 그러나 지금 나는, 누가 나의 이름을 불러주면 참 좋다. 잃어버린 물건을 찾은 것처럼 반갑다.

그날도 일상에 잠겨 설거지를 하고 있었다. 작은아들이 엄마를 털어 버리고 학교에 가기 시작한 지 얼마 되지 않았다. 또래보다 생일이 많이 늦은데 제대로 따라갈까. 그릇을 부시며 마음은 학교에 가 있었다.

"따르 따르릉."

벨소리가 아들 생각을 밀어내었다.

"여보세요, 네."

낯선 이름 같은 내 이름을 부르는 전화였다. 귀에 익지 않은 목소리라 가슴이 두근거렸다. 누굴까. 새로운 일이 벌어질 것 같은 기대와 불안으로 흥분되었지만 색깔 없는 목소리로 대답했다.

"네 그 여고를 졸업했어요."

"엄마야, 니 맞구나."로 시작하더니, 20년 전에 헤어진 짝은 폭포수같이 말을 쏟아놓았다. 우리는 타임머신을 타고 불확실한 미래를 꿈꾸던 교정으로 날아갔다. 거기서 웃음의 메아리를 듣고 고뇌의 창문을 열어 보기도 했다. 그리고 졸업 20년 기념 동창회에서 만나자고, 서울서 내려가고 부산서 올라오마고 약속했다.

사표를 낸 후 6년이 되도록 잊어버리고 있던 이름을 옛 벗이 찾아 주었다. 신선한 충격과 설렘으로 그날 발걸음은 깃털을 달았고 마음속엔 분홍빛 안개가 피었다. 어느 날 서랍 속에서 우연히 아끼던 물건을 발견한 기쁨 같은 것이, 5년 전 그날 내게 찾아온 것이다.

이 세상 만물에 언제부터 이름이 붙여졌을까. 아마 인류의 언어 사용과 비슷한 역사를 가졌으리라. 이름이 없이 의사소통은 곤란했을 테니까. 삼라만상 모든 것이 그의 존재 의미에 걸맞은 이름을 갖고 있다. 그래서 우리는 때로 이름을 통하서 모든 존재를 생각하게까지 된다. 때문에 이어령은 "사물이 있고 이름이 있는 것이 아니라, 이름이 있고 사물이 있다는 역설적 사상도 생긴다."고 <차 한잔의 사상>에서 말하기도 했다.

그런데 나는 이름을 잊고도 모르고 살았다. 김실(金室)이로, 서울 동서로, 누구엄마로, 한 무리 속에 섞여 나의 의미를 잊은 채 살아왔다. 진주 목걸이에 꿰어진 알알이 진주마냥 나만의 독특한 빛은 없이 살아온 것이다. 소꿉동무가 부르던 이름, 어스름 골목길에서 술래잡기하며 찾던 이름, 울며 떼쓸 때 달래던 이름, 성적이 떨어져 불리어 갔던 이름, 자랑스럽게 합격자 명단에 들었던 이름, 제자들이 보내준 카드 속에 씌어있던 이름, 모두가 '누구엄마' 속에 용해되어 버렸다.

내 어머니도 집안에선 '역전 형님'이라 불리셨다. 또 이웃과 일가들은 '부동댁'이라고 택호를 불렀다. 어머니의 이름은 학교에서 써오라던 환경조사서에 기록될 뿐이었다. 나는 할머니의 함자도 모른다. 그저 '순흥 안씨'라고 제사상 앞에 붙었던 지방에서 읽은 것이 고작이다.

별로 불리어지지 않을 이름이니 그처럼 쉽게 지었을까. 분녀, 삼순, 말자. 결혼하면, 아이를 낳으면 필요 없으니 대충 지었는지 모른다. 그러나 그런 부끄러운 이름들은 이제 없다. 모든 부모들이 사랑스럽고 좋은 뜻이 담긴 이름을 찾느라 책을 뒤지고 사전을 찾고 작명가들을 만나기도 한다. 하나같이 공들이고 힘들여 지어진다. 그런 이름들이 잊혀진다는 것은 지어준 뜻을 살리지 못하는 일일 것이다.

그날 후, 친구에게 전화할 때도 현상소에 필름을 맡길 대도 애프터서비스를 의뢰할 때도 주저하지 않고 내 이름을 말한다. 내 이름을 찾는 전화는 더 반갑게 받는다.

김춘수는 <꽃>에서 노래했다.

내가 그의 이름을 불러주기 전에는
그는 다만
하나의 몸짓에 지나지 않았다.

내가 그의 이름을 불러 주었을 때
그는 나에게로 와서
꽃이 되었다.

자신만의 이름을 가졌을 때 우리는 더욱 자기의 의미를 다하려고 노력하게 될 것이다. 나의 이름이 나의 빛깔과 향기에 알맞은지 모르지만, 누구든 내 이름을 부를 때 그의 마음에 아름다운 의미를 담을 수 있었으면 좋겠다.

1995. 9.

바나나를 사면서

3월 중순인데 겨울 잠바를 걸치고 나왔다. 봄이라지만 옷 속을 헤집고 드는 바람은 봄볕을 주눅 들게 한다.

장은 아직 붐비지 않았다. 부녀회의 주선으로 아파트 광장에서 일주일에 두 번 노천장이 열린다. 찬거리를 좀 준비하고 과일전 앞으로 갔다.

겨울 넘긴 사과가 먹음직하게 윤기가 난다. 딸기도 벌써 종이상자 속이 아닌 바구니 안에서 주인을 기다린다. 토마토, 방울토마토, 그리고 참외까지 주제넘게 봄 잔치를 하려한다. 곧 수박도 대열에 끼일 테지. 사철이 분명한 나라에서 계절을 잊게 하는 일들이 연이어 벌어진다.

제 철에 나온 음식이 제일 좋다던 식품 영양학자의 말이 생각나서 태깔은 좀 못하지만 끝물의 귤을 샀다. 돈을 건네고 돌아서려는데 한쪽 귀퉁이를 조금 차지한 바나나가 눈에 띈다. 적당히 노랗게 익어 먹음직스러운데도 몇 무더기만 초라하게 있었다. 아무도 사는 사람이 없다. 만져 보는 이도 값을 물어 보는 이도 없다.

"이거 얼마에요?"

"2000원입니다."

배 하나도 살 수 없고 괜찮은 사과 두 개밖에 살 수 없는 2000원으로 바나나 여덟 개를 샀다. 사과 두세 개 값으로 바나나 한 개를 사던 때가 있었던가 싶다. 그때도 많이 사야 예닐곱 개를 샀다. 당시는 비싸서 조금 샀지만, 이젠 잘 안 먹으니 또 그럴 수밖에. 이 바나나도 며칠 바구니에 담겼다가 변색이 되면 샐러드에 썰어 넣게 될 것이다. 먹고 싶어서라기보다 나의 향수로 바나나를 산다.

어릴 때 바나나를 먹은 기억이 없다. 50년대에 태어난 나는 집안이 유족하지 못한 터라 간식은 사치였다. 어린 시절을 보상이라도 하듯 곧잘 주전부리를 한다. 장바구니 속에 초콜릿이며 아이스크림, 갖가지 빵이나 떡을 담아 오는 일도 아이들을 위한 일만은 아니다. 그런 내가 아이들이 어릴 때, 아파트 평수를 늘리려고 긴축 재정을 펴면서 나 혼자 바나나 한 개를 다 먹을 수 없었다.

병문안을 간다거나 방문을 할 때, 큰 맘 먹고 사가는 것이 바나나였다. 동료의 언니는 미국에서 들르러 오면 형제의 집집마다 바나나 한 박스씩 돌린다고 했다. 그 일부를 직장에까지 들고 와서 파티를 연 적도 있다. 미국에서는 값도 싸고 동남아에선 동물사료로 쓸 정도로 지천이란 사실을 얘기하면서도 우리는 맛있게 먹었고 비싸게 샀다.

차츰 삶에 여유가 생기며 건강을 최우선으로 생각하게 되고, 먹을거리에서 질(質)을 추구하게 되었다. 신토불이의 바람을 타고 수입 식품들이 언론의 도마 위에 올랐다. 제대로 익지 않은 푸른 바나나 위에 부패방지용 농약이 마구 뿌려지는 장면과 자몽, 오렌지 등의 과일이 유해한 약품으로 처리되는 화면이 텔레비전에 방영된 후, 수입 과일들이 창고에서 썩는다는 보도가 잇달았다. 그 후 나 역시 미련없이 바나나를 외면했다. 아이들도 찾지 않았다. 경제력을 과시하는 물건이었던 것이 이젠 쓸쓸히 과일가게 한쪽 끝에 밀려난 신세가 된 것이다. 누가 생각이나 했으랴.

기름이 자르르 흐르는 흰 쌀밥이 최고의 가치였던 때가 있었다. 지금은 잡곡밥이나 현미밥을 건강식으로 선호한다. 야채주스를 마시려고 집집마다 주스기를 사느라 법석을 떨기도 했다. 쓴 약 같은 녹즙이 좋다고 너도나도 먹었다. 적포도주가 성인병을 예방한다니 품귀현상까지 생긴다. 먹는 것뿐이겠는가. 단독 주택에서 아파트로 이제는 전원주택으로 인기도가 바뀌고 있다. 또 직업 선택에서 연예인, 체육인에 대한 열기가 날로 뜨겁게 달아오른다. 예술에 뜻을 둔 자식을 쫓아내던 부모는 이제 전설에나 나올 만큼, 열성적인 후원뿐 아니라 적극적으로 이끌어 준다. 서양 문화에 대한 숭모의 자세에서 우리 것을 찾으려는 의식의 변화도 있다.

'산천은 의구하되 인걸은 간 데 없네'라고 읊은 선인이 있지만 산도 물도 그대로가 아니다. 개발의 명목으로, 자연의 힘으로 어제의 모습이 아니다. 화사한 꽃망울을 터뜨린 벚나무의 꽃도 작년의 그 꽃은 아닌 것이다. 불교에서 말하는 제행무상(諸行無常)이다.

많은 사람들이 이 무상(無常)함, 한결같지 않음을 슬퍼한다. 사랑이 영원하지 않다고 괴로워하고, 젊음이 잠깐임을 한탄하고, 가까운 이와의 이별을 아파한다. 그러나 일 년 내내 화려한 꽃을 보는 것보다 단풍든 잎도 보고, 낙엽을 주우면서 생을 반추해 보고, 앙상한 가지에서 인고의 모습을 배우는 삶이 풍요롭지 않은가. 한 세대가 가면 다음 세대가 희망을 안겨 주고 발전된 내일이 열리지 않는가.

지금 나는 젊음이 돋보이던 시절은 지났지만, 조그만 꽃 한

송이 나무 한 그루에 대한 애정에 눈뜬 것이 고맙고, 이 땅이 인간과 함께 모든 생물을 위한 공간이란 사실을 깨달은 것을 참으로 다행스럽게 생각한다. 어쨌거나 감질나던 바나나를 맘껏 먹어볼 수 있는 세월이 온 것도 유쾌하지 않은가.

"안녕하세요."

내 상념을 흔든 이는 병아리빛 재킷을 입고 선 옆집 새댁이었다.

"아유, 봄이 왔네. 춥지 않아?"

"조금 쌀쌀하긴 해요. 그래도 겨울옷은 칙칙해서요."

20여 년 전 3월, 가벼운 투피스 차림으로 출근해서 수업만 끝나면 교무실 난롯가에 섰던 내 모습이 떠올라 웃음이 난다.

봄빛이 물씬 나는 새댁과 아직 겨울 속에 있는 나의 모습이 대조적이다. 하지만 상큼한 봄내음에 취하기보다 꽃샘바람에 감기 들까 몸단속하는, 실리지향적으로 변한 나 자신을 탓할 수는 없지 않은가. 아무것도 그냥 그대로인 것은 없으니.

1997. 4.

저, 눈밭의 소년을 위하여

쓰러진 말은 일어날 줄 모른다. 정강이까지 빠지는 눈이 온 산을 뒤덮고 하늘도 산도 아득하다. 몸을 가누기 힘든 눈보라 속에서 아무리 고삐를 잡아도 꿈쩍도 않는 말의 뺨을 때려대는 소년, 그의 등에는 성장이 정지된 듯 애어른의 얼굴을 한 형이 업혀 있다.

휴일, 텔레비전 채널을 돌리다 만난 <취한 말들을 위한 시간>이란 영화의 한 장면이다. 주인공 아욥의 커다란 검은 눈동자, 슬픔이 가득 담긴 눈동자는 보는 이의 마음 깊이 들어와 비를 뿌린다.

이라크에 인접한 이란의 국경마을에 사는 쿠르드족 아욥은 열두 살에 가족의 생계를 책임진다. 일찍 어머니를 여읜 데다 아버지마저 지뢰를 밟아 목숨을 잃었기 때문이다. 불치병에 걸린 형의 약값을 치러야 하고 여동생의 학비도 대야 한다. 형의 생명이 위험해지자 수술비를 벌기 위해 밀수하는 사람들의 심부름꾼이 된다. 짐을 실은 말에게 술을 먹여야 끌고 갈 수 있을 정도로 혹독한 추위 속에서 매복한 군인과 지뢰를 피해 가며 이라크로 가야 한다.

넘어진 말을 일으켜 세우려 죽을힘을 다하는 주인공의 모습은 바로 살아남기 위해 사투를 벌이는 쿠르드족 어린이들의 실제를 담아낸 것이라 한다. 화면을 보면서 나는 기록영화가 아닌가 생각했다. 등장인물들이 연기를 한다기보다 그냥 일상의 삶을 보여 준다고 느꼈다. 후에 그 영화에 대한 설명에서도 이전에 한 번도 출연한 적이 없는 초심자 배우들이 본명을 극중 이름으로 출연했다고 한다. 쿠르드족 출신의 이란 감독 바흐만 고바디의 눈물이 고인 작품이란다.

이천만이 넘는 쿠르드족은 국가를 가지지 못한 가장 큰 민족이다. 이란 이라크 터키 등에 흩어져 살며 오랜 세월 독립국가를 만들기 위해 노력했지만 뜻을 이루지 못해 슬픈 이야기가 많은지 모른다.

초등학교 6학년 정도의 아이가 이처럼 힘겨운 삶의 현장에서 고통을 받아야 하다니. 함께 가던 상인들도 먼저 돌아가 버리고 겨우 말을 일으켜 형을 업고 눈천지인 산을 내려오는 마지막 장면을 보면서, 내 자신이 앞이 보이지 않는, 어디로 가야할지 알 수 없는 막막한 벌판에 서있는 기분이 들었다. 왜 저런 멍에를 어린애들에게 지워야 하나.

2년 전 중국 여행에서 "아줌마 천원"을 외치던 예닐곱 살 정도의 어린이들이 떠오른다. 군밤 봉지, 옥수수 묶음, 생수병들을 들고 따라오던 아이들. 학교에 있어야 할 시간에 관광지에서 이방인의 선심을 얻고자 끈질기게 조르던 가무잡잡하게 그을린 아이들. "여기는 의무교육 안 해요." 묻는 내게, "소수민족이라 정부에서도 적극적으로 하지 않나 봐요."가이드는 말했다. 똘망똘망한 눈망울을 굴리며 버스까지 따라와서 "아저씨 천원" 하던 말이, 계림을 떠나던 비행기속에까지 쟁쟁 울리던 기억이 난다.

그래도 이런 이야기들은 안타깝고 가슴이 아릴 정도지만 도대체 입이 다물어지지 않는 "어쩌면…. 어떡해…." 소리만 신음처럼 낼 수밖에 없는 일들도 지구상에는 그치지 않는다. 한창시절 여드름 나듯, 한 곳에 없어지면 다른 곳에 불거지는 전쟁. 그로 인한 치유 불가능한 상처. 우매한 성인들의 잘못으로 아이들까지 생존을 위협받는다.

인간이 만든 지옥이라는 우간다. 전쟁은 끝났지만 반군이 수시로 출몰하여 옥토가 지평선을 이루고 있어도 농사도 짓지 못해 기아에 허덕이는 곳. 반군에 끌려가 전투에 동원된 소년들. 낮에는 일하고 밤에는 성노예가 되었던 소녀들. 환각제를 먹이고 살인을 강제한 어른들을 피해 도망쳐 돌아왔지만 정신질환에 시달리고, 'child mother'가 되어 버린 10대들의 이야기는 차마 들을 수가 없다. 신체의 일부가 손상된 모습은 눈뜨고 볼 수도 없다.

3년 전 탤런트 김혜자가 ≪꽃으로도 때리지 말라≫란 책을 내면서 앙골라, 소말리아, 콩고, 르완다 같은 아프리카에서 내전이 있던 곳의 참상을 상기시켰다. 그런데 며칠 전, 배우 안성기가 우간다에 다녀온 기사가 자정이 넘은 시간에 방영되었다. 그곳은 아직도 반군과 기아와 질병과 투쟁중이었다. 플라톤의 '전쟁은 죽은 자에게만 끝난다.'는 말이 실감나는 곳이 아닌가.

'신은 어디에 계십니까, 하나님은 왜 가만히 있습니까.'고 울던 김혜자는 "먹을 것, 살 곳, 또 교육기회가 주어지지 않는 곳에서 아이로 사는 것은 끔찍한 일이다."라고 했다. 우리도 6·25를 겪을 때는 비극이었다. 더 거슬러 가면 방정환 선생이 안타까워했던 것처럼 아이들에게 고난의 시절이 오래도록 있었다. 그들도 우리처럼 몇 십 년 후에는 좋아질 수 있을까. 악귀들처럼 미쳤던 어른들이 인간을 회복할까. 그리고 묘목이 자라듯 경제도 피어날까.

역사는 되풀이 된다고 말한다. 그래도 나는, 그냥 되풀이는 아니라고 하고 싶다. 조금씩 발전되는 것이라고 자위하고 싶다. 우리가 느끼는 행불행을 놓고 본다면 과거보다 나아졌다고 할 수 없을지 모른다. 그래도 이 세상 곳곳에서 일어나는 일을, 그날 아니면 며칠 내로 알 수 있는 글로벌 시대에 살면서 나와 남을 함께 의식해 나가게 된 것은 희망이 아닌가. 외면해 버리고 싶은 타인의 불행을 "보라, 보라."고 외치는 소리가 있다는 것이 희망이 아닌가. 누군가, 어느 날 그 외침을 가슴으로 듣게 된다는 것이 희망이 아닌가. 국제 구호 단체에 부끄러운 액수를 보낸다 해도, 그러고 위안을 얻는다 해도.

2007. 5.

바다를 향해 홀로 선 장군이시여

시그널 뮤직과 함께 <불멸의 이순신>이란 자막이 흐르면 저는 텔레비전 앞에 앉습니다. 지난해 가을부터, 장군을 만나는 것이 주말을 기다리는 또 하나의 이유가 되었습니다.

우리 민족이 가장 존경하는 사람 중에 제일 많은 표를 얻는 장군에 대해서, 저는 '성웅'이란 수식어 때문인지 아득하게 먼 그런 사람으로 생각했습니다. 김훈의 소설 ≪칼의 노래≫를 읽고 당신의 이름 앞에 '인간'을 붙이며 가슴이 싸하게 아렸습니다. 그 책을 근간으로 대본을 썼다는 이 드라마는 처음부터 단골 시청자 한 명을 확보한 셈이지요.

캄캄한 바다 앞에 혼자 서 있는 장군의 뒷모습, 등으로도 말을 한다고 하는데 가끔 되풀이되는 이 장면은 한없이 외로워 보입니다. 어둠 속에서 뒤척이는 바다는 잠 못 이루는 장군의 마음이겠지요. 무엇으로도 달랠 수 없는 아들을 잃은 비통함, 그 많은 군사를 먹이고 입힐 걱정, 폭풍처럼 몰아쳐오는 적을 쳐 부술 궁구, 이 모든 것이 장군을 힘들게 했겠지요. 무모한 원균으로 인해 고심할 때도, 부하를 잃었을 때도, 전쟁에 조금도 도움이 되지 않는 명령을 받을 때도 장군은 그렇게 서 계셨습니다.

면사첩(免死帖)을 수시로 보면서 조정과 임금에 대한 슬픈 분노를 삭여야 했던 심정이 오죽했겠습니까. 죽음만은 면하게 한다니요, 고문으로 피폐해진 일신의 고달픔을 잊고 오직 구국일념으로 싸운 장수에게 그런 칙서를 내린 선조는 이미 군왕이 아니었습니다. 12척으로 133척을 맞아 31척을 격파하고 대승을 거둔 명량해전, 그 장쾌한 승리 후 말입니다. 부산포 공격의 명을 따르지 않았던, 임금을 기만한 죄가 아직 있다고 해서. 정말이지 그 싸움은 생각만 해도 어깨가 들썩거리는 것입니다. 물길을 이용하고 아녀자들의 강강술래로 왜군의 눈을 속이며 쇠줄로 적선의 진로를 막아 침략자들은 배위에서 발을 굴렀지요.

의주까지 몽진했던 왕은 지탄 받는 자신에 반해 온 백성의 추앙을 받는 장군을 시샘하고 끊임없이 충의를 의심하여 감시했습니다. 의병장 김덕령을 역모자로 몰아 죽이기도 했습니다.

언제 또다시 역도의 누명을 쓰게 될지 알 수 없는 상황에서 얼마나 참담하고 괴로웠습니까. "나를 살려 준 것은 결국 적이었다." ≪칼의 노래≫에서 표현한 것처럼 말하는 장군의 속내를 헤아려 보았습니다. 역사상 어느 장수가 승리 후에 올 위험에 식은땀을 흘렸을까요. "적의 적으로만 죽고 싶다."고 말하는 군인이 있을까요.

드라마에서 장군역을 맡은 탤런트는 인터뷰에서 말하더군요.

"참 훌륭한 분이죠, 그런데 좀 답답하더군요. 쿠테타를 일으키든지 했으면 좋았을 텐데."

그 기사를 읽는 순간 생각했습니다. 그랬다면 어찌 되었을까. 저는 맨 먼저 일제 36년의 치욕의 역사를 만들지는 않았겠다고 중얼거렸습니다. 흩어진 민심은 장군을 향해 모일 것이며, 양민 천민의 구분 없이 지휘관을 뽑던 장군은 분명 신분차별을 없애는 사회를 만들었을 것입니다. 그리하여, 저 프랑스 대혁명보다 2세기나 먼저 봉건제도가 무너지고, 뛰어난 실력자가 배출되는 민주국가를 이룩하여 민족상잔의 비극도 없이 선진국 대열에…. 부질없는 상상이지만 꿈꾸는 일이 나쁘지는 않습니다.

오늘 이야기에서는, 철수하려는 왜군에게 퇴로를 열어달라는 명나라 장수 유정의 허위 장계에 어리석은 군주는 철군을 명합니다. 장군은 그 뜻을 어기고 노량싸움을 준비합니다, 선전관까지 가두면서. 뒤에 닥칠 어떤 위기 상황도 적의 총탄과 칼에 도륙되던 불쌍한 동포 생각을 막지는 못했지요. 내일 방영할 마지막 회는 장군의 최후를 그릴 것입니다. 첫 회에서 보여준 대로 갑옷을 벗고 철릭만 입은 채, 나라와 당신의 목숨을 바꾸겠지요. "내 죽음을 알리지 마라." 마지막 말을 남기고.

장군은 위기관리 능력의 극대치를 보여 주었습니다. 국가적인 지원 없이 병력 군량미 무기, 모든 것을 스스로 조달하면서, 임금에게 바쳐야 할 진상품까지 챙기면서, 부하 장졸과 민중의 존경을 받았습니다. 그러면서 23전 23승의 세계 해전사(海戰史)에 없는 전과를 올렸습니다. 그 모든 위업이 고뇌하며 사려 깊은 결정을 내렸던 인간 이순신의 피땀의 산물이었겠지요.

장군이시여, 그 당시로선 상상을 초월하게 우리의 삶은 윤택해졌습니다. 그런데 나라는 둘로 나뉘어졌고, 합쳐지기엔 남과 북은 너무나 멀리 와 있습니다. 남쪽은 또 진보와 보수로 간극이 크게 벌어졌습니다. 누란(累卵)의 위기에서 나라를 건진 장군의 지혜가 아쉽습니다.

장군이시여. 일본은 또 망령이 든 건지 독도를 자기네 땅이라 합니다. 당신께서 믿지 않던 대국 중국은 우리 역사, 광활

한 만주 벌판을 누비던 고구려를 저들 것으로 만들려 합니다. 오늘, 거친 물결 가르며 적을 패퇴시키던 장군 같은 지도자를 만나고 싶습니다.

2005. 8.

산과 물 사이

전망이 좋고 그렇지 못함에 따라 아파트값이 꽤 차이가 난다는 신문 기사를 본 적이 있다. 같은 지역 동일 평수라도 한강이 보이는 곳이 수천만 원에서 일억 원까지 더 비싸다고 한다. 콘크리트의 도시 서울에서 한강을 바라보며 살 수 있다는 것은 분명 행운이다. 답답한 시멘트 벽 대신, 하늘을 이고 잔잔한 물결을 일으키는 강물이 펼쳐져 있다면 얼마나 쾌적할까. 삶의 어려운 순간도, 때로 밀려오는 우울하거나 답답한 마음도 쉬 풀어버릴 수 있을 것 같아서, 나도 한때 그런 집으로 이사를 가고 싶었다.

어려서부터 산보다는 강이나 바다를 더 좋아했다. 도회지 한복판에서 자란 탓으로 생활 속에서 느낀 구체적인 감정은 아니었고, 어쩌다 간 여행이나 소풍에서 맛본 기분이었다. 산은 왠지 답답하게 느껴지는 반면, 강은 그 색깔부터 청량했다. 시원스레 가슴을 적셔오는 물줄기를 바라만 보아도 좋았다.

중학교 시절, "仁者樂山, 知者樂水(인자는 산을 좋아하고 지자는 물을 좋아한다)"란 글귀를 배웠다. 지혜로운 사람은 모든 이치에 통달하여 막힘없는 것이 흐르는 물과 같으므로 물을 좋아하고, 어진 사람은 정의와 진리에 안주하고 쉬 마음이 변치 않는 것이, 변함없이 한자리에 있는 산과 같으므로 산을 좋아한다는 것이다. 강을 더 좋아했던 나는 지혜로운 사람이 어진 사람보다 멋있어 보여 자신이 지자(智者)라도 될 것처럼 까불댔다.

사회 초년생이 되어 맞은 첫 휴가 때, 동해안 도로를 달려 경상북도의 맨 위에 있는 죽변으로 갔다. 사람으로 아우성인 해수욕장보다 바다를 마음껏 보고 싶어 등대를 찾았다. 등대 앞마당에 주저앉아 바라보던 바다. 하늘 끝까지 이어진 망망대해. 이 세상 모든 것을 포용할 것 같은 너그러움. 초록과 파랑이 혼합된 여러 빛깔의 바다, 그 오묘함. 죽도록 아름답다는 말을 실감케 했다. 오랫동안 일어설 줄 모르고 하염없이 바라보았다. 그 때 이런 생각이 들었다. '내 스스로 죽음을 택해야 할 때가 오면 저 곳에서 죽고 싶다. 조그만 배를 하나 구해서, 파도에 떠밀려 육지로 되돌아 올 염려가 없는 먼 곳까지 가서 사라지고 싶다.' 그렇게 좋아하는 바다에서 왜 죽음을 생각했을까.

지난해 봄, 친구가 해운대에 집을 마련했다고 놀러오라고 했다. 거실에 앉아 바다를 볼 수 있으니 얼마나 좋으냐고 부러워했다. 그런데 지난 가을이 다 가기 전에 친구는 다시 못 올 길을 떠났다. 여행을 하기 위해 나섰다가 교통사고를 당한 것이다. 막내가 고등학생인데 방학이 되기도 전에 외국 여행길에 오른 친구가, 평소의 그답지 않아 이해되지 않았다. 별장 같은 집을 두고 여행이 그리 급했을까. 아스라히 수평선까지 닿은 바다는 어떤 존재로 그 앞에 있었을까. 삶의 순간에 솟구치는 여행에 대한 욕구를 잠재우지는 못했나 보다.

어쩌다 본 강과 바다. 여행에서 소풍에서 또는 호숫가 찻집에서 바라다보는 물들은 순간 가슴을 환하게 열어주고 머릿속을 말갛게 비워 준다. 그러나 매일, 눈만 뜨면 보이는 아득한 물은 상쾌한 기분만 주지는 않을 것이다. 한없는 넓음으로 인해 오히려 막막해지고, 우울증을 안겨주기도 할 것 같다. 때로 비도 내리고 눈도 오고 풍랑도 일겠지만 그도 잠시일 뿐 언제나 푸른 채로 변함없는 물이다. 그 단조로움 역시 삶의 활력소는 되지 못한다. 지루하게 되풀이되는 일상에서 벗어나게 해 줄 힘은, 항상 그대로 있는 강줄기보다 철따라 옷 바꿔 입는 산에 있을 것 같다.

나이가 들수록 산을 오르는 일이 잦아진다. 운동 삼아 오르기도 하지만 산의 묘미를 조금씩 알게도 되었다. 때맞춰 피는 아기자기한 야생화, 생명력이 넘치는 녹음, 매료시키는 화려한 단풍, 순리를 깨우치는 낙엽, 또 설경. 이런 변화 하나하나가 새롭고 기쁨을 준다. 전에는 멋진 산이 아니면 그리 오르고 싶지 않았다. 지금은 동네의 야트막한 뒷산도 정이 간다. 가녀린 풀꽃 한 송이가 얼었던 대지를 밀고 봄을 알리는 정경이 반갑고, 암벽 사이 한 줌 흙이라도 디디고 자라는 어린 소나무가 대견하다. 물은 그저 바라보면, 환하고 시원하지만 생명을 느끼지는 못한다. 그러나 산은, 계절에 민감한 생명체의 변화를 실감할 수 있어 좋다. 까마득한 아래를 보며 폐부 깊숙이 숨을 들이 쉬고, 마음속의 응어리를 날려 보내는 것도 산이 주는 덕이다.

4월이 중순을 넘으면서, 나무들은 윤기 나는 어린 잎들로 봄을 피워낸다. 진달래와 산벚꽃이 연둣빛 나무들과 어울려 파스텔톤을 이룬 산은 생명의 환희로 넘친다. 생활에 지친 몸과 마음에 산정기를 받으면 새로운 활력을 얻을 수 있을 것 같다.

나는 가끔 바다가 그립다. 그러나, 투명한 소리로 지저귀는 새들이 살고, 향긋한 산나물이 손짓하고, 골짜기 물소리가 시원한, 산 가까이에서 살고 싶다. 들어가지 못하는 한강보다, 생각날 때 오르내릴 수 있는 관악산이나 북한산, 아니면 이름 알려지지 않은 조그만 야산의 한 자락이라도 바라보며 살고 싶다.

1997. 4.

한 마디 말

막내 동생뻘 되는 지인(知人)을 오랜만에 만났다. 초등학교 2학년인 아이의 '학부모 참관 수업'을 보고 온 얘기를 했다. 담임교사의 뜻밖의 말에 놀랐다고 한다.

"오늘 부모님이 온 사람은 엄마 아빠의 사랑을 받는 사람이고, 아무도 오지 않은 사람은 엄마 아빠가 사랑하지 않는 사람이에요."

어쩌면 그런 말을 할 수 있을까. 아마도 그 선생님은 바쁜 가운데 오신 학부형에게 고맙다는 뜻으로 한 말인지도 모른다. 아니면 다음번에는 더 많은 사람이 학교 행사에 참여하도록 자극을 주고 싶었는지도 모른다. 하지만, 초등학교 저학년 학교 행사에 집에서 놀면서 참석하지 않는 사람이 있을까. 거의가 직장에 다니거나 몸이 불편하거나 부득이한 사정이 있을 것이다.

대부분의 사람들은, 어릴 때 주변의 어른들로부터 "넌 이 집 아이가 아니야, 다리 밑에서 주워 왔어." 하는 말을 한두 번은 들은 적이 있을 것이다. 그 때, 겉으로는 아니라고 대들면서도 부모님에게 야단을 맞고 나면, 혹 그것이 사실이 아닐까 두려워하기도 했다. 어릴수록 남의 말을 액면 그대로 믿는다. 초등학교 2학년, 그들에게 엄마 아빠가 자신을 사랑하지 않는다는 선생님의 한 마디는 아무런 충격이 없을까. 아직은 하얀 도화지처럼 순수한 아이들. 그 여린 마음에 지워지지 않는 얼룩이 생긴 것은 아닐까. 선생님의 말을 웃으며 넘기기에는 너무나 어리다.

내 키는 보통보다 작은 편이다. 그래도 위축감을 느끼며 살지는 않았다. 그런데 결혼을 하고 아이를 낳고는 걱정이 되었다. 나와 남편을 닮아 키가 작을까봐서. 첫애가 백일이 지나고 얼마 되지 않았을 때, 조카뻘의 집안 젊은이가 시골서 오신 시어머니를 뵐 겸 놀러 왔다. 누워 있는 아기를 보고, "팔 다리 마디마디가 짤막해서 너도 키는 안 크겠다."고 말하는 것이 아닌가. 갓난아기에게는 좋은 말만 골라 해야 한다는 상식을 갖기에는 연륜이 부족한지 모른다. 하지만, 아이의 앞일에 대해서 우려하던 말을 들은 나는 두고두고 마음 아팠다.

나도 철없는 말을 한 적이 있다. 대학 1학년 때, 동갑내기 사촌과 외출을 해서 친구들을 우연히 만난 후였다. 키가 작은 사촌에게 "너하고 다니니까 좀 부끄럽다." 웃으며 한 마디 하였는데, 그는 오래도록 잊지 않고 있었다. 그로부터 나는, 농담이라도 함부로 말하는 것을 삼간다. 특히 외모에 관해 흠을 말하는 것은 치명적이라고 생각한다.

내 친구 하나는 "넌 왜 이렇게 살색이 검니. 다른 식구들은 다 흰데." 하는 친척들의 말을 어릴 때 하도 들어서 자신이 흑인이라고 생각했다고 한다. 고등학교 졸업 때까지 짧은 팔 교복 입는 것이 너무도 싫었다는 그는, 일반적으로 봐서 특별히 검은 피부는 아니다.

우리가 무의식중에 하는 말에는 듣는 사람의 마음을 상하게 하는 것들이 많다. "넌, 땅 넓은 줄은 알고 하늘 높은 줄은 모르니?"라든가, "왜 그리 형광등이냐.", "그 목소리 가지고 노래하려고." 등등. 아무렇지도 않게 하는 말이 상대의 마음을 할퀸다.

대부분의 불교 의식에서 빠뜨리지 않고 독송하는 천수경에는 열 가지 죄업을 참회하는 내용이 있다. 그중 네 가지가 말을 잘못하는 경우－거짓말, 아첨하는 말, 이간질하는 말, 나쁜 말－이다. 성낸 죄도 주로 말로 이루어진다고 보면 다섯이나 된다. 또 '수리수리 마하수리 수수리 사바하'라는 구업(口業)을 깨끗이 하는 진언(주문)은 천수경의 가장 앞부분에 나온다. 그만큼 입으로 짓는 죄가 많다는 뜻일 것이다.

다툴 때는, 상대가 미워서 원망스러워서 의도적으로 상처를 주는 말을 하기도 한다. 그것은 서로간의 감정의 문제가 있어 듣는 사람도 감안할 수 있다. 또 의도적으로 말한 사람은 나중에 후회하고 참회하니 용서받을 수 있다. 그리고 자신의 잘못을 사과하여 아픔을 치유해 줄 수도 있다. 그러나 나도 모르게 죄 없는 타인의 심정을 상하게 하는 경우는 그의 가슴에 응어리를 만든다. 참으로 미안하고 죄스런 일이다.

어린 아이들에게 선생님이 한 말을 생각하고, 나는 혹 그 옛날 교단에 서서, 사춘기 중학생을 아프게 하지는 않았나 걱정이 된다. 또 살아오면서 만만한 가족에게 친지에게 함부로 말한 적이 한두 번이었을까 마음이 무거워진다.

불교에서는 재물 없이도 보시할 수 있는 것이 일곱 가지가 있다고 한다. 정성스런 마음을 주는 심시(心施), 몸으로 도와주는 신시(身施), 부드럽고 편안한 눈길을 주는 안시(眼施), 따뜻한 말을 해주는 언시(言施) 등. 모임에서 거리에서 상점에서 내가 하는 말이 상대에게 보시는 못할망정 상처는 주지 않아야겠다고 생각한다.

2000. 4.

아름다운은 선善인가

십 년 전에 해 넣은 의치(義齒)를 다시 해야 한다. 접착부분에 틈이 생겨, 속에 있던 본이가 완전히 썩었다. 부러진 이를 보여 주면서, 그래도 뿌리가 남아 있으니 기둥을 하면 괜찮다고 의사는 무심히 말한다. 거무튀튀한 돌멩이 부스러기 같은 이는 이미 무생물로 전락해 있었다. 저것이 나의 앞니였다니. 대문니 옆의 두 번째로 큰 이였다니. 물로 입 속을 헹궈 내며 혀를 굴려 보았다. 잇몸에 닿은 혀는 두 개의 이가 없는 휑한 공간을 빠져 나갔다. 가슴 속에 싸한 바람이 불었다. 눈 앞에 거울이 없다는 게 얼마나 다행인가.

미인의 호치(皓齒)는 아닐지라도 성년이 될 때까지 별 탈 없이 의무를 행하는 건강한 치아였다. 단지, 앞니 네 개가 대문의 구실을 하느라고 크게 나서 송곳니가 날 자리가 무척 좁았다. 그 때문에 쪼그맣게 새끼 이처럼 올라오다가 어느 정도 자라면 부러지곤 하여 이 사이에 틈이 생겼다. 입 벌리고 웃지 않으면 잘 보이지 않는 자리여서, 그로 인해 특별히 마음을 쓴 기억은 없다.

학업을 마치고 직장생활을 할 때, 혼기에 있는 것을 염려한 탓인지 어른들은 치과에 가보라고 성화였다. 하나의 이를 넣기에는 너무 좁은 자리라, 양쪽 옆의 이들을 작게 다듬고, 금으로 테두리를 한 가짜 이를 박았다. 더 나은 모습을 위하여 상처 나지도 썩지도 않은 이 둘을 깎아낸 것이다.

그리고 십이삼 년이 지났을까. 의치에 문제가 생겨 최신의 방법으로, 인공 치아인지 자연의 것인지 구분되지 않게 새로운 이를 만들었다. 본래의 치아 두 개는 더 작게 다듬어져 의치 속으로 사라졌다. 그로부터 또 10년이 흐른 지금, 의치 속의 본이 하나가 완전히 허물어져 버린 것이다. 만들어진 이 속에서 능력을 죽이고 살다가 단명한 셈이다.

긁어 부스럼이란 말이 있다. 그냥 두었으면 자신의 본분을 다하고 있을 텐데 강제 퇴출시킨 꼴이다. 마음이 우울했다. 치석 제거 이외에 치과를 드나들 일이 거의 없는 다른 이들을 생각하면 안타깝고 후회스럽다. 옛 선인이 바느질을 하다가 바늘을 부러뜨리고, "오호 통재라…." 하며 조침문을 지어 슬퍼했는데, 멀쩡한 이를 몰락하게 만든 나는 조치문(弔齒文)이라도 써야할 것이다.

그대로 두었다면 미적인 견지에서 좀은 마이너스가 되겠지만, 마취 주사를 맞는 고통도 없을 것이고, 머릿속이 흔들리는 드릴 소리를 들으며 온 신경을 긁어내듯 이를 가는 일 따위는 하지 않을 것이다. 의치가 잘못 될까봐, 좋아하는 갱엿을 씹는 미각을 영영 잃어버리는 일도 없었을 것이다. 믿을 만한 병원을 찾아 왕복 몇 시간을 허비하며 오가야 하는 날들은 또 어떤가. 경제적인 손실도 만만치 않다. 이번에 하는 이의 수명이 얼마가 될 지도 알 수 없다.

우리 집에는 동백나무가 두 그루 있다. 하나는 이사 와서 산 자연 그대로의 화분으로, 11년째 탐스런 꽃들을 피운다. 다른 하나는 5년쯤 전 선물을 받은 것인데, 가장 굵은 가지의 밑동에서 한 뼘 정도 올라온 자리부터 굵다란 철사로 얽어, 인위적으로 가지 모양을 만든 화분이다. 키는 자그마하지만, 바로 선 지주(支柱)와 옆으로 뻗은 가지, 옆으로 적당히 뻗은 후 위로 휘어져 올라간 가지가, 마치 한 팔을 들어 머리쪽으로 손을 내리며 휘는 고전 무용의 춤사위 같다. 모두들 예쁘게 자랐다고 했다.

그런데 3년이 지난 후부터 꽃망울도 적어지고 윤기를 잃어

갔다. 쇠줄이 원인인 것 같아 모두 제거해 주었는데, 2 년이 지났지만 상흔은 가지에 화인처럼 남아 있다. 철사의 눌림이 심해 가는 골을 만든 두 번째 굵은 가지는, 끝쪽에만 잎이 달려 아직 살아 있음을 증명할 뿐이다. 경우가 다르지만 옛 중국 여인들의 전족의 고통을 생각해 본다. 아니, 그 이상의 아픔을 겪었을 것이다, 인간의 눈요기를 위해서.

아름다움은 선(善)이라고 생각했었다. 남에게 기쁨을 줄 수 있다는 것은 분명 선(善)이다. 수려한 경치를 보고 악한 마음을 갖는 사람은 없을 것이다. 자연의 미려한 경관에 찬사를 보내면서 우리 마음은 순화되고 선량해진다. 마찬가지로 미인을 보는 것도 즐겁다. 그래서 너도 나도 외모를 가꾸고, 집 안팎을 치장한다. 타인을 기분 좋게 하고, 자신을 기쁘게 하기 위해서. 동서고금을 막론하고 아름다움을 위한 인간의 욕망은 끝이 없다. 그러나, 자연의 본성을 위태롭게하며까지 미를 추구하는 것은 잘한 일인가.

치열 교정을 잘 하지 않는다는 일본인들을 이해할 것 같다. 가지런히 하기 위해 거치적거리는 이를 뽑고, 물리적인 힘을 가한 이들이 얼마나 튼튼할까. 가히 성형 수술의 시대라고 할 정도로 많은 사람들이 미모를 위하여 본래의 모습을 바꾼다. 쌍꺼풀을 가진 사람의 얼마가 자연 그대로인지 생각할 정도로 눈수술은 기본처럼 되었다. 코를 높인다든지 유방을 크게 하는 일, 주름살 제거 들은 이제 흔한 수술이란다. 그러나 그에 따른 부작용도 심심찮게 언급된다. 그냥 두었으면 볼만은 할 텐데 치명적 결과를 가져 오는 경우도 있다.

겉모습을 가꾸는 일은 눈앞에 결과가 나타나므로 쉬 마음먹을 수 있는 일이다. 그렇다고 쉽게 만족되는 일 또한 아닌 것 같다. 이제 40대의 터널을 통과하면서 단순히 미적 관점에서 일을 처리한다는 것이 참으로 어리석다는 생각이 든다.

1999. 8.

그 해 여름은 추웠네

'○○시장, 긴급 체포'란 신문 사회면 한쪽에 박힌 타이틀을 찾아낸 그녀는 큰 숨을 한번 쉬었다. 그리고는 활자 하나하나를 눈에 새기듯 읽어나간다. 지난 선거에서 공천 헌금 5억 원을 건넨 혐의를 포착했다는 기사. 1년 반 전인 그 당시 조그만 도시가 들썩거렸던 사건이, 그 지역 국회의원의 다른 횡령죄 수사 중 밝혀진 것이다. 어제, 그녀의 남편에게 그향의 동창들로부터 걸려온 전화로는 미진한 구석이 있었다. 조간이 오자 그 기사부터 찾았는데, 막상 확인하고 나니 이상하게도 허탈감이 밀려오면서 눈앞이 부옇게 흐려졌다. 지금 드러난 불법 사항이 그 때는 어찌, 진정을 해도 밝힐 수 없었나.

그녀의 남편은 정치를 하고 싶어했다. 살림이 안정되고 나이가 들어가자 세월 가는 것을 안타까워했다. 가족을 위해 오랜 희망을 보류해온 사람에게 더 이상 절대 불가를 선언할 수는 없었다. 친구는 그랬다.

"너도 대범해졌네, 감히 그런 허락을 하다니."

"아니, 나 만나서 자신의 꿈을 한번 펴 보지도 못했다는 원망 듣기 싫어 져 준 거야."

2000년 가을, 23년 동안의 공직생활을 미련 없이 접고 그녀의 남편은 고향으로 갔다. 그로부터 2년 가까이 그녀는 서울과 ○○시를 오가며 두 집 살림을 했다. 대학생이지만 두 아들에게 네 식구가 살던 집을 맡길 수만은 없었다. 일주일이 멀다하고 기차를 탔다. 차창으로 보이는 황금빛 들판이 황량한 벌판이 되었다가 푸른 카펫으로, 다시 누렇게 변모해 가는 광경을 보면서 그녀는 생각했다. 기차 속에서 가장 한가하게 휴식한다고. 계절의 변화는 옷을 갈아입는 것 외에는 의미가 없었다. 마음은 언제나 분주한 시장터였고 스산한 바람이 불었다. 남편도 고향에서의 공백 기간을 메우느라 동분서주했다.

2002년 6월 13일, 지방자치단체장 선거에 출마했던 그녀의 남편은 패배의 잔을 마셨다.

"그 당 공천만 받으면 바보라도 당선된다."는 우스갯소리가 돌 정도인 지역에서 공천을 받지 못했다. 지역에 내려오면 그녀의 남편을 앞세우고 행사에 참석하던 국회의원은 공천 날짜가 가까워오자 모습을 드러내지 않았다. 비서관을 몇 차례 만나고 온 그녀의 남편은 분개했다.

"이대로 말 수는 없어. 시민의 심판을 받아야겠어."

시작할 때는 당의 공천을 받으면 하겠다던 남편이 무모하게 정치판의 생리를 답습하려 했다. 그녀는 승산 없는 싸움을 말렸다. 합리적인 설득이 효과가 없자, 운명의 힘을 빌어보려 했다. 무언가 암시하는 듯한 세 개의 꿈을 이야기했다.

"구슬을 실에 꿰고 있었어, 반쯤 했는데 다시 해야겠다면서 꿴 것을 다 풀었어." "흰 종이에 당신 이름을 크게 썼는데 글씨가 점점 흐려지는 거야, 나중엔 잘 안 보이게 되구." "당신이 당선되었다는 거야, 좋아서 책상에 앉아 무언가에 사인을 해서 비서에게 주더라고."

상징적인 꿈은 그대로, 현실적인 것은 반대로 풀이해야 한다는 그녀의 지론을 무시한 채 남편은 출항을 했고 그녀는 어쩔 수 없이 한 배를 탔다. 괜히 이해심 많은 척 했다고 후회했다 "정치하려면 나랑 이혼하고 해." 사업에 성공한 남편이 딴 마음을 품으려할 때, 얘기도 꺼내지 못하게 했다는 지인(知人)의 말을 기억하며 그녀는, '난 왜 그렇게 말할 수 없었을까. 정치라는 것이 이성을 마비시키는 것이란 걸 왜 헤아리지 못했을까.'

아쉬워했다.

"아니, 이런 후보가 시장이 되게 할 수는 없심더, 옛날 체육 선생 할 때 한 짓을 아는 사람은 다 아는데…."

"저거 아부지는 일제 때부터 고리대금으로 돈 벌었지, 행실은 또 어떻고. 그 애비 돈으로 교육위원도 안 샀나."

모르는 50대 여인과 팔순 노인이 한 말에 위안 삼았다.

"3번이 최고야, 학력이나 경력이나. 3번 파이팅."

홍보물을 보고 시장 상인들이나 젊은이들이 손가락 세 개를 치켜세울 때 힘을 얻었다. 그러나 선거전은 예상한 대로 쉽지 않았다. 그녀의 남편이 고향을 떠난 30여 년 동안, 다른 후보는 줄곧 그 도시에서 살았고 야망을 위해 수년 전부터 투자를 해 왔다. 인적 물적 조건에서 크게 불리한 게임이었다. 계획한 액수만 투입하겠다고 작정한 것은 그녀의 무지였다.

부녀회, 경로잔치, 종친회 등에서 후보와 후보 부인을 부르는 모임은 동네 수보다 많았다. 빈손으로 갔다 나오면 뒤통수가 따가웠다. 선거는 이상이 아니었고, 더욱 지방의 선거풍토는 지방자치제도 자체를 회의하게 만들었다. 비린내 나는 곳에 쇠파리 모이듯 이 후보 저 후보 찾아다니는 꾼들도 많았다.

선거전이 막바지에 접어든 날, 회계담당이던 사촌 시누이가 급히 전화를 했다. 운동원들이 수고비가 밀렸다고 사무실에 앉아 버틴다고. 그녀는 유세차를 타고 가다가 방향을 돌렸다.

"그저께 준 돈으로 일당 안 줬어요?"

"큰오빠가 더 급한 데 쓴다고 가져갔어요. 후보도 알고 있는데."

맥이 풀렸다. 지역을 잘 아는 시숙은 여러 모로 많이 도와주고 있지만, 선거일이 다가오면서 그녀의 의도와는 차이가 많아 곤혹스럽기도 했다. 내일이면 줄 수 있다고 해도 주동자는 막무가내였다.

"나를 믿고 나가 주세요, 사흘밖에 안 남았잖아요."

"어떻게 믿어요? 미루다가 선거 끝나면 그만일 텐데."

총알처럼 튀어 나온 그 한마디에 그녀는 주저앉고 싶었다. 이렇게 살진 않았는데, 이렇게는…. 그 때 뒤에서, "난 사모님 믿어요오." 크게 누가 외쳤다. 그리고 여기저기서 두런거리더니 우루루 밖으로 나갔다. 선동한 몇은 우리에게 내일은 없다는 듯 굳은 표정으로 남았다.

그녀는 소리 없는 비명을 질렀다. '그들에게 선거판이란 얼마나 하찮은 것인가. 비록 한때 돈을 벌게 해주지만, 결코 신뢰할 수 없다는 의식이 비정한 얼굴 위에 흐르고 있어. 그런 사전 지식도 없이 덤벼들었으니 상처를 입을 밖에.'

"여러분 그동안 수고 많으셨습니다, 많이들 드십시오."

고기 굽는 냄새가 식당을 메우고 환기통으로 미처 빠지지 못한 연기가 실내를 자욱하게 했다. "후보님은 다음에 나오시면 틀림없습니다." 덕담인지 위로인지 모를 한 마디 외에는 다들 먹기에 바쁘다. 테이블마다 술잔이 오가고 음식이 추가되고, 일부 여성 운동원은 애들까지 데리고 와서 고기를 먹이느라 여념이 없다. 대형 텔레비전이 켜지고 월드컵 축구경기가 화면에 뜨자 시선은 일제히 한 곳에 집중된다. 대 포르투칼전, 우리가 16강에 드느냐를 결정하는 경기, 모두들 선거에 패배한 사실은 잊은 채 축구공에만 정신을 뺏기고 있다. 그녀의 눈은 화면 속의 공을 따라가고 있으나 마음은 깊이 모를 물속을 헤매고 있었다. 때로 짙은 안개 속에서 길을 잃고 있었다. 그녀는 매캐해진 공기가 목젖을 눌러오자 희부연 안경을 닦을 생각도 없이 그 곳을 빠져 나왔다.

2004. 1.

다시 태어난다면

객석까지 마중 나온 라이트를 받으며 나는 빠른 걸음으로 무대 위로 오른다. 상패를 받고 화환을 안고 카메라 플래시의 세례를 받는다.

"축하합니다, 주연상의 영광을 안으셨는데, 지난 밤 좋은 꿈이라도 꾸셨나요?"

"감사합니다, 어제가 아니고 아마도 오래 전, 전생(前生)에 꾸었을 겁니다."

홀에 가득찬 웃음소리 속에서 나는 주름진 눈가를 씰룩이며 눈물을 감춘다.

200년이나 300년 후의 내 자화상이야.

10년 만에 온 무더위라더니, 연일 35도 가까운 폭염에 잠을 설치더니, 더위 먹은 것 아니니. 배우가 되고 싶다는 생각을 최근에 했어. 그런데 어느 모로 보나 이 생엔 틀린 것 같아서….

몇 년 전, 영화 <샤인(shine)>을 보고 나는 내 아이가 배우가 되겠다고 하면 적극 지원하리라 생각했다. 호주의 실존 인물 '데이비드 헬프갓'을 모델로 만든 음악영화였는데, 아버지의 지나친 사랑이 자녀의 장래를 망칠 수 있다는 메시지가 담겨 있다. 주인공을 맡은 '제프리 러시'는 정신병까지 걸리는 천재적인 피아니스트의 좌절과 방황, 그리고 재기하는 모습을 너무도 실감나게 표현했다. 영화관을 나오면서 나는, 아카데미 주연상은 당연히 그가 받을 거라 확언했고 예상은 적중했다. 타인이면서 한 인물의 정신까지도 그처럼 사실적으로 연기할 수 있는, 관객을 감동의 바다에 끌어들이는 배우라는 직업이 훌륭해 보였다.

그런데, 아들 둘은 아무도 그 쪽 방향은 아닌 것 같고, 대리만족을 꿈꾸는 일은 접어야 될 성 싶다.

지난 주말, 우리 드라마 <겨울 연가>에 빠져드는 일본인을 집중 취재한 특집 프로를 보았다. 젊은 여성은 물론 어린이에서 노인까지 그야말로 남녀노소가 방영시간을 기다리고 있었다. 시리즈로 된 비디오테이프를 사서 친척들에게 보여주는 사람도 있고, 뇌졸중으로 운신이 불편해 누워 있는 할머니는 드라마를 본 이후 병이 호전되었다. 심지어 삶의 의욕이 없어 자살 충동을 느끼며 집안에만 있던 여인은 극을 본 후 매사에 적극적인 사람으로 변신했다. 이야기를 온전히 느끼고 싶어 한국어를 배우는 사람도 늘어난다고 한다.

주인공을 맡은 배용준이 일본에 도착했을 때, 공항 입국장을 가득 메운 여성들은 "욘(龍)사마"를 외치며 환호했다. 일본에서 '사마'란 왕족에게도 붙이는 극존칭이라 한다. 그 속에는 흘러간 세월을 얼굴 가득 담은 황혼의 여인도 있었다. 극중 인물을 실제로 보려고, 사인을 받으려고 아우성치는 그들에겐 보통 사람보다 적극적인 성향이 있을 것이다. 누군가 말한 '일시에 피고 지는 벚꽃처럼, 한꺼번에 열정을 다해 어떤 일을 하거나 좋아하고 쉽게 잊는 민족성'에 연유하는지도 모른다. 그렇다 해도 그들 마음속에 불을 지핀 것은 배우가 아닌가.

배용준을 향해 몰려가는 사람의 물결을 보며 나도 배우가 되고 싶다는 생각을 했다. 내 연기로 인해 많은 사람들이 공감하고 감동을 받는다면, 나아가 한 사람의 삶에 의욕을 불어 넣거나, 새 생활의 계기를 만들 수 있다면 얼마나 보람찬 일인가.

가끔, 평소의 '나'가 아닌 전혀 색다른 '나'를 꿈꾼다. 그러면서도 가족이나 주위 사람들을 의식해서 생각에 그치고 만다. 우리네 삶이 연습이 없고 1회로 끝나는 것이 아쉬울 때도 있다. 수명이 점차 길어지면 그런 생각은 더 간절할 수도 있을 것이다. 연기자란 직업은 이런 욕구를 만족시켜주는 데 일조할 수 있겠다.

여배우라면 명기 황진이가 되어 내로라하는 사내들을 울려도 보고, 비운의 왕비 명성황후가 되어 나라를 걱정해 보고도 싶다. 또 애국지사의 아낙으로 온갖 고초를 겪으면서 가정을 이끌어가며 한 시대의 버팀목이 되는 여인이고도 싶다. 남자라면 레오나르도 다 빈치 같은, 베토벤 같은 천재 예술가의 고뇌도 표현해 보고 싶다. 게리 쿠퍼가 열연한 <누구를 위하여 종은 울리나>의 주인공 로버트 조던 역도 한번 하고 싶다. 역경을 헤치며 오지를 탐험하는 개척자도 되고 싶다.

나는 이런 저런 흉내를 내며 좌중을 웃기는 사람을 부러워한다. 신명나게 놀 줄도 모른다. 순발력이나 임기응변도 약하다. 옷을 살 때도 분위기를 바꿔 보려고 좀 튀는 옷을 골랐다가 거울 속의 낯선 나를 보고 결국 고개를 흔들며 벗는다. 가끔 물건을 사러 가면 상인들은 말한다.

"혹, 선생님 아니세요?"

아니라고 하면, "그럼 전에 하셨죠." 자신이 본 관상이 맞을 거라고 우긴다. 20년도 전에 10년간의 교직 생활을 마친 나는 이렇듯 변신할 줄 모른다. 이런 내가 연기자가 된다는 것은 적성이 아닐 것이다. 오십 중반을 바라보는 나이에 지금부터 연습을 많이 한다고 될 일도 아니다. 그래서 나는 현세가 아닌 미래세 언제인가 배우가 되기로 한다. 한 인간의 영혼까지도 표현해 낼 수 있는 그런 명연기자 말이다.

2004. 9.

달밤에 하는 체조

밤 10시가 지난 시각인데도 공원 안은 두런거린다. 자전거를 타는 젊은이, 농구를 하는 학생들, 광장 가장자리를 달리는 사람, 그리고 벤치에서 얘기를 나누는 정인(情人)들. 곳곳에 세워진 황색의 나트륨등은 잠들지 못하고 있는 공원을 굽어보고 있다.

익숙한 걸음으로 조깅 코스장을 찾는다. 초입에 서서 간단한 맨손 체조를 하다가 하늘을 쳐다본다. 그 때, 중천에 뜬 달과 시선이 마주쳤다. 보름달이다. 구름 없는 밤하늘에 선명하게 나타난 온전한 달.

"내가 달밤에 체조를 하는구나."

순간 웃음이 나왔다.

"달밤에 체조하니?"란 말을 들을 때는 별로 기분이 좋지 않다. 때에 맞지 않거나, 어울리지 않는 일을 할 때 하는 말이기 때문이다. 옛날 같으면, 삼경이 되어가는 깊은 밤이니 보통 사람들은 잠을 잔다. 한 많은 사람이나, 임이 그리운 사람, 누군가가 원망스러운 사람은, 달을 보고 하소연도 하고 위로를 받으려 했을 것이다. 또 시인 예술가들은 달로 인해 얼마나 많은 작품을 만들었는가. 불후의 명작은 못 만들더라도, 책을 읽으며 마음의 양식을 가멸게는 해야 제격인 달밤인데, 나는 당치 않은 체조를 하고 있다.

오늘을 사는 40대 이상의 남녀 모두에게 화두가 되어 버린 '건강'이, 내게도 선택의 여지가 없는 과제가 된 것은 지난 여름이다. 친정아버님 상을 치르느라 야위었다고 생각했다. 감기가 오래 간다고 여겼다. 쉬 피로하고 기운이 없는 것도 나이 탓으로, 원기 부족으로 알았다. 한방약, 소위 말하는 보약을 먹고도 다리에 힘이 없어 곧잘 드러누웠다. '갑상선 기능 항진증'이란 진단을 받고는 마음도 무너졌다. '평생 약을 먹어야 하는 병'이란 의식이 머리를 맴돌았다. 의사가 "너무 걱정할 필요는 없어요, 잘 먹으세요."라고 한 말도 괜한 위안이라 느껴졌다. 식구들이 친지들이 이것저것 맛있는 것을 사주느라 애쓰는 것도 연민으로 보였다. 혼자 누워 있으면 눈물이 났다. 전화를 받으면서 울먹이지 않으려고 말을 삼켰다.

남들에게 오는 불행이 내게도 닥칠 수 있다는 사실을 교만하게도 이제야 깨닫게 되었다. 위험한 병은 아니라는 생각에 마음이 안정되어 갔다. 회복이 빨라지고 몸무게도 늘었다. 가벼운 운동을 하라는 의사의 말을 권고가 아니라 지시로 받아들였다.

집에서 5분 정도의 거리에 양천공원이 있다. 공연장으로 쓰이기도 하는 광장이 가운데 있고, 언덕진 오솔길이 나무 사이로 보일락말락하며 둘레를 돌고 있다. 그 한쪽 귀퉁이에 200미터가 채 안 되는 흙길 트랙이 만들어졌다. 그곳은 한낮의 따가운 시간을 빼고는 하루 내내 사람들이 들락거린다. 천천히 걷는 노인들은 주로 아침저녁으로, 경보나 조깅을 하는 중년은 일과를 마친 밤시간에 많다. 트랙 가운데는 베드민턴장이 마련되어 가족이 함께 와서 즐기기도 한다. 그런 이들은 대개 10시 이전에 끝내고 돌아간다. 그 후는 비교적 한가하다.

붐비는 것을 싫어하는 나도 주로 이 시간을 이용한다. 옷차림이나 뒷모습으로 봐서 매일 오는 사람이라 느끼지만, 얼굴은 모른다. 다들 한 방향으로 걷기 때문에 뒤통수만 볼 뿐이다. 10바퀴, 20바퀴, 뜻대로 능력껏 돈다. 하늘에서 내려다보면 인간들은 왜 바보처럼 같은 짓을 되풀이하나 할 것이다. 그래도 모두들 열심이다. 귀가 얼얼하고 바람이 매운 날은 중무장을 하고, 비오는 날은 우산을 들고 나서는 걷기 중독자들도 있다고 한다. 그들도 나처럼 건강이 절박해서인지도 모른다. 머릿속에는 온갖 상념들이 헤엄치겠지만 겉으로는 오직 건강만을 위하는 모습이다. 지루해지면 광장 둘레를 돌기도 하고, 공원 울타리 바깥 보도로 나가기도 한다.

감기를 자주하고, 가끔 허리가 아파 물리치료실에 누워 있으면서도, 운동 같은 것은 염두에 두지 않았다. 잠시 수영을 배울 때도 마친 후 노곤해서 한숨 자고, 그렇게 낮시간이 가버리는 것이 아까워서 1년 만에 그만 두었다. 시간이 있으면 글이나 한 줄 더 읽는 것이, 무언가 볼거리를 찾는 것이 낫다고 확신했었다. 그런데, 정신을 육체 위에 놓던 나의 어리석음이 이번에 비싼 수업료를 지불한 것이다. 단련되지 못한 나의 허약한 신체는 약간의 과로와 스트레스에도 적응력을 잃었다. 아버지와의 사별이 생각보다 큰 충격이 되어 갑상선 기능 이상으로 나타났고, 그로 인해 상심을 하면서 몸은 마음과 하나란 사실을 깨달았다. 어느 것도 우위에 둘 수 없는, 신체가 환희를 느낄 때 내 정신도 행복할 수 있음을 알았다.

내게 주어진 삶의 길이가 얼마인지는 모른다. 그건 나의 의지와는 상관이 없을 것이다. 단지 살아 있는 동안은 아프지 않는 것이 나나 가족 친지들에게 다행이란 평범한 생각을 새삼 실감하였다.

가슴을 펴고 아랫배에 힘을 주면서, 두 발이 일자가 되게 앞으로 내딛는다. 보폭을 좁히며 속도를 낸다. 하늘 높이서 은빛을 뿌리는 달이 트랙을 하얗게 비춘다. 갓 없는 둥근 가로등이 공원 곳곳에서 빛을 발한다.

여기저기 보름달투성이인 밝은 달밤에, 오늘도 나는 체조를 한다.

2000. 11.

자유를 선언하는 여자

잠은 깼는데 눈두덩이 무겁다. 더 잘까 했지만, 물에 헹궈낸 듯 의식이 맑아진다. 시계는 7시를 좀 지나 있다. 옆자리가 비었다. 지난 밤 1시 반을 넘기고 자리에 들었던 생각이 난다. 잠결에도 기척을 못 느꼈으니 안 온 모양이다. 오늘이 연례행사 날이구나. 일요일이니 급히 오지는 않겠지.

"오늘 좀 늦을 거야." 하고 나가는 남편은 비교적 일찍, 10시 전에 들어온다. 퇴근 시간 무렵, "저녁 먹고 갈 게." 할 때는 12시 근방이 귀가 시간이다. "밥만 먹고 빨리 갈 게." 하는 날은 새벽 1시를 넘기기 일쑤다. 그러다 1년에 한두 번, '어제'가 담긴 얼굴로 새 아침을 밀고 들어온다. 이럴 땐, 사람만 술을 마시는 게 아니라 옷도 술을 먹는다는 것을 보여준다. 온 옷에 술냄새가 배어 있다.

술로 놀란 가슴은 역사가 유구하다.

"야야, 친구가 저래 많은데, 니 애 안 묵겠나."

어머니는 결혼사진에 신랑 친구가 50명이 넘게 서있는 것을 보고 걱정하셨지만, 그는 가장 가까운 사람 서너 명씩 두 팀만 집으로 불렀을 뿐 집들이도 면제해 주었다. 단칸방과 직장 나가는 신부를 배려하는 그에게 안도하고 있던 나는 어느 날 철퇴를 맞았다.

결혼한 지 20일이 채 안 된 연말, 회식이 있다던 신랑은 겨울밤이 깊어도 올 줄 몰랐다. 따스한 온돌 기운에 유혹되어 깜빡 잠이 들었던 나는, 천둥이 치는지 집이 무너지는지 요란한 소리에 잠이 깼다. 잠가 놓은 방문을 열지 못해 발로 찬 소리였다. 몸을 제대로 가누지도 못하는 이 남자가 남편이라니, 무슨 일을 저지르지나 않을까, 꿈에도 생각 못한 모습에 나는 그야말로 혼비백산하였다. 다행히 그는 그냥 쓰러져 잤지만, 내 놀란 가슴은 밤새 진정되지 않았고, 다음날 나는 공격의 포문을 열었다.

식탁에서 반주를 잘하시는 친정아버님은 술에 취해 들어오는 일이 없었다. 어쩌다 모임이 있을 때도 그저 기분이 좋아 보이는 모습으로 말씀을 좀 많이 할 뿐이었고, 그나마도 위장이 안 좋아져 술을 끊는 절제력을 보이셨다. 그런 흐트러짐 없는 모습만 보던 내게 남편은 별세계의 존재였다.

그의 술이 나를 단련시켰는지 세월의 덕인지, 법랑냄비처럼 내 마음도 쉬 부식되지 않게 무디어 갔다. 결혼 25주년이 되어가는 이제 싸울 기력도, 시간도 아깝고, 다 큰 애들의 눈치도 봐야 한다. 하지만 밤을 새우고 오는데 뭐라고 해야 하나, 이 양반 그냥 두면 안 되는데….

그는 각서도 여러 번 썼다. 아니 쓴 건 나였고 그는 서명만 했다. 쓸 때마다 내용의 강도도 세졌지만, 남편 길들이기는 술에 있어서만은 실패였다. 그 모든 각서의 내용도 날로 드세진 나의 항의성 행동도 그의 주량을 줄이지는 못했다. 그는 일주일에 하루 이틀은 만취 상태가 된다. 그래도 제대로 된 집을 마련할 때까지, 애들이 초등학교에 입학할 때까지는 신혼초의 돌발사고 외는 문제를 일으키지 않았다. 내가 전업 주부로 자리를 잡아가고 그의 직장에서의 지위와 비례해서 술자리도 늘고 귀가 시간도 늦어졌다.

"따르릉."

"여보세요."

황급하게 전화를 받는 나.

"여기 파출소인데요, 김○○씨 댁이죠."

"네 그런데요."

숨을 멈추는 나.

"택시 탄 손님이 잠들어서 집을 못 찾겠다고, 기사가 이리로 데려 왔습니다. 주머니의 명함을 보고 전화했어요."

그제야 숨을 내려놓고 아파트 동 호수를 가르쳐주는 나.

경비 아저씨도 잠들고, 늘어선 나무들도 혼곤히 숨을 죽인 깊은 밤, 외등을 의지하고 차가운 밤공기 속에서 떨다가 기사에게 고맙다는 말을 되풀이하며 웃돈을 얹어주는 나. 남편을 흔들며 꼬집는다. "내려 얼른."

뒷베란다에 서서 들어오는 차들의 불빛을 바라보며 기도하던 날들. "아파트 앞에 내려 드렸는데 집에 오셨어요?" 하는 전화를 받고, 매서운 겨울바람과 두려움에 앞니마저 덜덜거리며, 주차장을 놀이터를 정원을 훑고 다닌 일. 사반세기를 살아오면서 내 새가슴은 사자 가슴쯤은 되었을 것이다.

그는 그랬다. "술을 잘못 배워서…." 10살 때 아버지를 여읜 후 형이 무서워 담배는 배우지도 못하고, 혼자 서울살이를 하면서부터 못된 버릇이 생겼단다. 나는 의지박약, 이성 결여라고 성토한다, 왜 취기가 오르면 적당한 선에서 멈추지 못하냐고. 그러면서도 "처음은 사람이 술을 마시고, 나중에는 술이 사람을 마신다."는 말을 그런가 한다. 후배 직원의 술잔을 다 받아야 선배답다고 생각하는 객기도 내가 어찌할 수 없는 부분이다.

인삼을 달이고 북어국을 끓이면서 나는 생각한다. 그 옛날, 술 한 방울 안 마시는 남자는 숨막힐 거라고 퇴짜를 놓고, 거나하게 취해서 <기다리는 마음>, <보리밭> 같은 명곡과 <돌아와요 부산항> 이런 가요들을 연달아 부르는 그에게 마음이 끌릴 때, 이미 술꾼 아낙은 예견된 일인지 모른다고.

세상이 험해지면서 취객을 노리는 검은 손이 무서워 차라리 자고 왔으면 할 때도 있다. 그렇다고 기다림의 고통이 삭감되지는 않는다. 그래도 이제는 잠이 오면 잔다. 현관 앞에서 휴대 전화로 깨우면 일어날 정도로 잠귀도 밝아졌다. 연륜이 쌓이며 대처방법이 생긴 것이다

나는 요즘 협박한다. 술 많이 마신 그 업 때문에 악도(惡道)에 날 것이라고. 나는 그보다는 나은 곳에 날 것이므로 내생에는 결코 만나지 않을 것이라고. 그는 싱긋이 웃으며, "딴 죄 지은 거 별로 없으니 당신 따라갈 수 있을 걸." 한다

초인종 소리가 난다. 8시 30분이 되어 간다. 믹라고 혼내나. 현관문이 열리자 그보다 술 냄새가 먼저 들어온다. 스님은 이럴 때도, "남편 부처님 어서 오십시오." 하고 큰절을 해 보라고 한다. 아직 그렇게 마음을 닦지 못한 나는 눈을 흘긴다.

"애들 보기 부끄럽지도 않아요?"

그때다. 기발한 한 마디가 내 입 밖으로 나온다.

"나도 이제 자유롭게 살래, 당신이 뭐래도 내가 하고 싶은 거 할 거야. 이번 겨울 방학 때 친구들과 해외여행 가기로 했어."

1인당 백만 원이 되었으니 올해는 어딘가 가자고 한, 옛 직장 동료들과의 모임이 때맞춰 뇌리에 꽂혔다, 고맙게도.

'그 나이에 고작 그 정도?' 하고 웃을 사람도 있겠지만, 가족 외 사람들과 여행하려면 좀처럼 허락하지 않는 남편에게, 나는 드디어 선언한다.

"나도 이제 자유롭게 살 거야!"

2003. 7.

3부

꽃은 또다시 피는데

별이 빛나는 도시

월말이 며칠 남았는데도 은행 안은 무척 붐빈다.

공과금자동수납기 하나가 비어 있어 마음이 놓였다. 지난 달 처음 쓸 때는 사람이 많아서 은행 직원이 대신 해 주었다. 오늘은 기계를 이해하고 찬찬히 내 힘으로 해 보리라. 화면에서 지시하는 대로 카드를 넣었는데 "이 카드는 사용할 수 없습니다." 하고 뜬다. 지난번엔 옆 기계였나 생각하며 다시 시작했는데, 마찬가지다. 처음부터 꼬이는 것이 시간을 끌 모양이다.

"제가 해 드릴까요."

이십대 후반으로 보이는 아가씬지 새댁인지 도움을 자청한다. 그새 세 사람이 서서 내 서툰 행동을 지켜본다. 옆 기계를 힐끗 보니 거기도 줄을 섰다. 뒤에 기다리는 사람만 없으면 혼자 천천히 해 보고 싶지만, 카드를 주었다.

"이 카드 안돼요, 통장 없어요?"

마침 통장이 있어서 일은 마칠 수 있었다. 그가 넣으라는 곳에 세금고지서, 지로 용지들을 넣고, 확인하라면 하고, 누르라면 누르고 글 모르는 할머니마냥 시키는 대로 했다.

요즘 은행들은 여러 가지 기계를 설치한다. 출금, 예금 기기에 익숙해질 만하니 공과금까지 수납기에 납부하라고 한다. 물론 여러 업무를 함께 보는 창구 앞에서 기다릴 때보다는 시간이 절약된다. 그러나 말 한 마디 않고 기계 앞에 섰다 돌아 나올 땐 나도 그 일부가 되는 기분이다.

세상은 갈수록 '빠르고 편리하게'란 화두를 들고 내달린다. 봄날 해 길어지듯 늘어난 수명 덕에 살아갈 시간은 점점 많아지지만 사람들은 매사를 빨리 더 빨리 하고 싶어 한다.

얼마 전 신문에서, "가로등, 별빛 안 가리게 디자인"이란 유난히 큰 타이틀이 눈을 멈추게 했다. 성벽에 둘러싸인 고풍스런 도시가 숲과 산의 녹색을 배경으로 앉은 사진과 함께, '슬로시티(slow city)' 운동을 벌이는 '오르비에토'란 이탈리아의 한 도시에 대한 기사가 한 면을 가득 채웠다.

인구 이만 천여 명인 이 시는, 900년 된 성과 수백 년 된 건물들로 이뤄진, 연간 이백만 명의 관광객이 몰리는 아름다운 곳이라고 한다. 한때 마을 광장이 주차장이 되고 좁은 길에 차가 넘쳐 위기의식을 느낀 도시는, 자동차와의 전쟁을 시작으로 빠름에서 유턴하였다. 관광객 유치, 첨단화, 일상의 편리함보다 인간답게 사는 마을을 만들기 위하여 슬로시티를 선포했다. 외부에서 올 때도 마을 밖 주차장에 차를 두고, 시가지를 누비는 전기버스를 타야 한다. 고층 건물이 없는 이곳에서는 마을 한가운데 있는 시계탑을 보고 위치를 알고 종소리로 시간을 확인한다. 그리고 별빛을 가리지 않기 위해 아래로 향한 가로등을 만들고 부드럽고 은은한 예술 조명을 한다고 쓰였다.

별을 잊은 지 오래다. 거대 도시 서울에 산 세월이 30년이 넘었다. 어쩌다 서울의 야경을 볼 때 아름답다고 느낀다. 별빛이 아니라 자동차, 네온사인, 가로등, 모든 인공의 현란한 빛을 보고. 맑은 날 우연히 바라본 밤하늘에서는 희미하게 겨우 존재를 알리는 별 몇을 만날 뿐이다. 우주를 떠올리고 시를 말하기엔 너무 미미하다.

빨리 빨리를 주문처럼 외고 사는 세상에 느림의 미학을 추구하는 도시 이야기는, 후덥지근한 날 한 줄기 소나기처럼 상큼하다. 산 속이나 오지가 아닌 곳에, 200만의 관광객이 몰리는 도시에 별이 빛난다는 사실은 얼마나 고무적인가. 더 많은 손님을 유치하려고 길을 넓히고 고층 호텔을 짓지 않는 그들은 얼마나 멋진 사람들인가.

가끔 운전하다가 수레를 끄는 노인을 만날 때가 있다. 브레이크를 밟으며 따라가는 내 마음은 답답하고, 바쁠 때는 대로에서 수레를 운행한다고 탓할 때도 있다. 내가 걸어가고 있다면 그렇지 않을 것이다. 빠른 기계를 이용하면서 우리 마음은 더 조급해지고 삭막해지는지도 모른다. 나는 미래공상영화를 잘 보지 않는다. 거대한 기계 속 같은 건물, 비인간적인 외모의 사람, 이런 것들에 질려 제대로 감상이 안 되기 때문이다. 아무리 과학이 발달해도 하루 몇 알의 약으로 영양섭취를 하여 먹는 행복을 앗아가는 일은 생기지 않을 거란 내 믿음처럼, 자연의 품을 그리는 인간의 감성도 영원할 것이다.

맘모스 도시 서울에서 슬로우시티 운동을 하면 천지가 개벽되는 난리가 날 것이다. 별이 빛나는 도시에 대한 꿈은 어느 산골 마을에서 펼치기로 하고, 오늘 나는, 단정한 차림의 행원이 돈을 세고 도장 찍는 것을 바라보며 상냥한 인사도 받고 은행문을 나서고 싶다.

2004. 1.

중학교 국어시간

담쟁이 넝쿨이 에워 싼 집을 보면 나는 곧잘 발을 멈춘다. 그것이 살림집일 경우 주인이 멋진 사람일 거라 생각하고, 그렇지 않을 때는, 유서 깊은 내력을 가진 건물이라고 단정한다. 그리고는 옛날을 생각하면서 다시 찬찬히 바라본다. 성하(盛夏)의 계절에 짙은 녹색의 잎들이 벽을 싸안고 있는 모습은 비로드를 두른 것 같이 아름답다. 가을이면 단풍든 잎새들이 말라가면서 고색창연한 옛 성을 연상하게 된다.

초등학교부터 대학까지 네 개의 모교가 있지만, 내가 가장 애착을 느끼는 것은 중학교다. 경북대학교 사범대학 부속 중학교. 어딘가에 학교명을 기록할 때는 자리가 부족하여 애를 먹지만, 이름 길이보다 더 풍부하고 알차게 배웠던 곳이다.

일제 치하에서 사범학교였던 모교는 낡은 목조 건물이 담쟁이 덩굴로 덮여 있었다. 여름날 오후, 창가에 앉으면 풍성한 녹색의 그늘이 드리워져 그 속에 있는 우리들은 실물보다 예쁘게 보였다. 방과 후 방송반 일을 마치고 텅 빈 교실에 돌아왔을 때, 석양을 받고 그윽하게 빛나는 자리에 앉아 상상 속에 잠기곤 했다.

눈이 유난히 큰 선생님이 계셨다. 신입생 시절, 수업 시작종을 쳐도 교실 안은 소음 속에 떠 있고, 돌아다니는 아이들, 도시락을 미리 먹는 아이들로 부산했다. 교실문이 열렸다. 수업 준비를 하신 선생님이다. 우리들은 소리를 질렀다. 이제 교무실을 출발할 시간인데 벌써 들어오는 것이다.

"수업 끝나는 종인가."

"아니요."

"그럼 맞게 온 거네."

씨익 웃으며 교단으로 오르는 국어 선생님은, 그날부터 시작 종소리가 끝나기도 전에 교실문을 밀고 들어오셨다. 앞 시간이 체육이든가, 숙제를 다 못한 날은 일찍 오는 선생님을 투덜대며 불평했다. 그러나, 국어 교사가 되어 10 년의 교직 경험을 가진 적이 있는 나는 선생님이 그렇게 위대해 보일 수가 없다. 나는 한 번도 종치기 전에 교무실을 나선 적이 없다. 수업을 알리는 차임벨 소리가 끝나면 그제야 책을 챙기고 출석

부를 찾았다.

3년 동안 세 분의 국어 선생님을 만났다.

그 동안 시 수필 소설뿐 아니라 시나리오 희곡 라디오극본까지 모든 문학 장르를 직접 쓰게 했다. 한 사람 한 사람 원고를 보는 일이 참으로 힘든 것임을 알게 되고, 전교생이 다 쓰도록 한 우리들의 선생님이 얼마나 훌륭한지 깨닫게 되었다. 그 때는 원고지 4,50 장을 메우느라 안간힘을 썼던 동창들도 지금은,

"야, 나 이래봬도 왕년에 소설 한 편 썼다아."

"난, 극작가였다구."

한 마디씩 하며 웃는다.

잘된 작품을 골라서 라디오극을 직접 만드느라 교정에 어둠이 내리도록 방송실에서 씨름하기도 했다. 집에는 없는 녹음기를 뜻대로 만질 수 있다는 뿌듯함, 가장 젊고 인기 있던 선생님과 함께 드라마를 만들면서 느낀 내밀한 기쁨, 이런 것들이 늦은 귀가까지도 즐겁게 했다.

신문과 잡지를 만들기 위해, 시가지가 좁다고 기사 취재를 다녔다. 말수가 적고 숫기가 없던 나도 책임감에서 오는 용기가 생겼다. 분단별로 편집하면서 누구네 집에 모여, 본론은 접어놓고 이야기꽃을 피웠고, 그 집 서가에 꽂힌 연애 소설의 뜨

거운 장면을 보며 밤이 익었다.

우린 또 폭 넓게 작품 공부를 했다. 교과서에 나오는 시인의 다른 작품도 외었다. 산문시처럼 긴 <별 헤는 밤>을 낭송하면서 그 서정성에 리듬에 반했고, 김소월의 시를 많이 외는 경주를 했다. 지금 내가 시 한 편 시조 한 수를 보지 않고 읊을 수 있다면 그건 중학교 때의 실력이다.

≪젊은 베르테르의 슬픔≫을 읽고 독후감을 발표하면서, 연애결혼이 좋으냐 중매결혼이냐를 토론하면서, 사춘기 소녀들은 사랑의 감정을 예감하기도 했다.

여자는 어머니가 된다. 너희는 어머니가 될 사람이다. 너희가 바른 인간이 되어야 다음 세대를 잘 키울 수 있다. 너희에게 이 나라의 미래가 달렸다. 희끗희끗한 머리칼을 뒤로 넘기며 여성학 강의까지 하시던 선생님은 지금 어디에 계실까. 팔순을 바라볼 나이에도 그 형형한 눈빛은 변함이 없을까.

사춘기의 예민한 감수성을 작품으로 일궈내도록 채찍하던 선생님. 교과서에 나오지 않는 작품들까지 공부시켜 상식의 나무를 풍성하게 가꾸도록 배려하던 선생님. 설명으로 끝내지 않고 체험 학습을 중시하던 선생님.

30년이 넘은 그 시절의 교육을 생각하면 오늘날은 오히려 퇴보한 교육이다. 내가 받은 교육의 반이라도 베풀 수 있었다면 참으로 훌륭한 교사가 되었을 텐데.

모교의 도서실에는 '마음의 양식을 가멸게'란 글귀가 걸려 있었다. 마음의 양식을 살찌우도록 선생님들은 독려하셨다. 책을 많이 읽은 학생을 급우들 앞에 불러내어 칭찬을 아끼지 않았다. 시샘을 하면서라도 읽었던 것이 다 자양분이 되었던 것 같다. 내 앞에 무한대로 뻗쳐진 시간의 흐름을 생각해도 전혀 지루하거나 막막하지 않음도 독서 습관이 있기 때문일 것이다. 지적 호기심을 충족시키는 일도 중요한 교육이지만, 어떻게 살아야 값진 삶인가를 깨우쳐 준 가르침이야말로 보배가 아닌가.

국어 교육은 나의 정신을 만들어 놓았다. 그 시간을 통해서 나는 삶의 태도를 배웠다. 내가 소설가나 시인은 되지 못했지만, 한 인간으로 완성은 아니지만, 남에게 크게 책잡히지 않고 살아갈 수 있다면 그 시절 배움의 덕분일 것이다.

모교하면 중학교가 떠오르고, 중학교는 국어 시간으로 나를 끌고 간다.

1999. 3.

여름 단상

수박

'여름 과일' 하면 먼저 수박이 떠오른다. 녹음을 연상시키는 진초록의 두꺼운 껍질과 태양을 닮은 속살. 수박에선 정열을 느끼고 여름을 본다. 그래선지 이른 봄 비닐하우스를 나와 과일 가게에 멋쩍게 앉은 수박은 먹고 싶지가 않다. 볕을 많이 받아야 빨갛게 잘 익고 당도가 높다고 한다. 태양의 땅 아프리카가 원산지여서일까.

더위가 몰려오면 우리 집 냉장고의 단골손님이 되는 것도 이 수박이다. 삼부자(三父子)가 수시로 찾고, 위염을 앓았던 내게도 해롭지 않은 유일한 과일이니 오죽하겠는가.

수박 한 덩이로 온 가족은 여름을 이겼다. 복(伏)날은 복달임 한다고 수박 값이 올랐다. 어려운 살림살이라도 그저 넘기지 않았고, 어쩌다 손님이 온 날은 보너스로 또 먹었다.

냉장고가 없던 시절, 얼음 사러 가는 것은 내 담당이었다. 얼음 창고에서 나오는 서늘한 안개로 몸을 식히며, 얼음덩이를 톱질하는 아저씨는 덥지 않아 좋겠다고 생각했다. 새끼줄로 묶어준 얼음이 작아질까봐 숨이 턱에 차도록 달음박질했다. 칼끝을 얼음덩이에 세워 놓고 망치로 치면 잘게 조각난다. 온 식구의 기대를 모으며 수박은 반으로 쪼개지고 선홍색의 과육은 숟가락으로 떠져 큰 양푼으로 옮겨진다. 조각난 얼음과 설탕을 버무리면 금세 빠알간 물이 생기는 수박화채. 뱃속까지 얼리며 더위를 몰아내던 달콤한 맛. 지금의 어떤 음료수도 그 맛을 대신할 수는 없을 것이다. 자다가 대문 옆 화장실까지 가야할 망정 우리들은 다투어 마셔댔다. "오줌 쌀라." 하는 엄마의 성화는 귓가에만 울리고.

신작로(新作路)

신작로를 좋아했다. 신지식 선생의 ≪하얀 길≫이란 동화책에 나오는 새 길은 화장터로 이어진 길이지만, 신비하고 아름답게 느껴졌다. 그런 생각의 언저리를 맴돌며, 햇빛을 받아 하얗게 반짝이는 아스팔트길을 좋아했다. 비오는 날, 추적대는 골목길을 빠져나와 퐁퐁 빗물을 튀기는 신작로를 걷는 것이, 지루한 등굣길의 즐거움이기도 했다. 조기청소날은, 어둠 저 끝에서 마왕이라도 쫓아올 것 같아 마구 달리다가, 차츰 환하게 펼쳐지는 대로(大路)에서 가슴을 펴고 나의 미래를 꿈꾸기도 했다. 길을 그리라고 하면 확 트인 신작로를 그렸다. 꼬불꼬불 오솔길을 그리는 사람보다 잘 살게 되리라는 기분 좋은 예언도 들었다.

“아이구, 또 불비가 내리는구나.” 엄마의 표현처럼 대지가 불의 세례라도 받은 듯 열기를 뿜어 인적까지 드문 여름날, 신작로도 더위를 먹는다. 멀리서 보면 수증기 같은 것이 피어오르고 아스팔트는 눅진눅진해져 신발자국까지 만든다. 전국에서 가장 더운 곳의 하나인 이 도시의 새 길은 여름을 겨워한다. 그런 날도, 땀으로 멱을 감으며 가방을 이 손 저 손 바꾸면서 발에는 힘을 주고 걸었다. 여느 때와 다른 감촉을 즐기기 위해.

물을 부으면 부글부글 끓을 것 같던 길을 다녔지만, 더워 못 살겠다는 생각은, 이 도시를 떠났으면 하는 마음은 한 번도 없었다. 뜨겁게 달아오른 신작로가 불에 달구어진 쇠붙이처럼 강해지는 것은 아니겠지만, 나에게는 삶의 폭염(暴炎)을 이기는 의지를 길러 주었다.

방장(房帳)

고향에서는 모기장을 방장이라 불렀다.

창문틀에 알루미늄 그물망을 문짝처럼 달아, 모기가 집안에 들어오는 것부터 차단한 요즘의 방충망과는 다르다. 망사같이 올이 성긴 천으로 만든 장막인데, 위쪽 네 귀퉁이에 고리를 달아, 천정 밑 사방에 못을 쳐서 걸면, 비치는 휘장으로 된 작은 방을 만들게 된다. 들어갈 때는 앉아서 팔을 휘저어 모기를 물리치고, 아랫자락을 들며 빨려들 듯 재빨리 들어야 한다. 안에 누우면 바람이 적게 들어 더울 때도 있지만, 손쉬운 살충제가 없던 시절 여린 살갗을 지키는 파수꾼이었다.

날이 어두워지면 일찍 방장을 쳤다. 놀이거리가 없는 밤에 아이들은 신이 나서 들락거리며 좋아했다. 모기 들어간다고 어른들이 소리치면 안에서 키들거리며 장난들을 했다.

어렸을 땐 휘장 속에 있다는 것만도 왠지 기분이 좋았다. 바깥세상과는 별개의 세계에 온 듯한 비현실감이 마음을 들뜨게 했던 것 같다. 방장 속에서는 쉬 잠들지 않았다. 날아간 돌멩이에 파문이 번지듯 생각은 꼬리를 물고 이어져 나아갔다. 보이지 않는 아슴푸레한 곳, 언젠가는 다가올 날들을 향해서.

고등학교에 입학한 봄, 오래된 한옥으로 이사를 했다. 집은 낡았지만 정원이 가꿔진 넓은 마당이, 도심지 상가 주변에서 살다 온 내겐 청량제였다. 담장 밖으로 쑤욱 올라온 라일락과 함께 키 큰 나무들이 품위 있었고, 앞쪽에 있는 정원석과 조그만 연못이 운치를 더했다. 그러나, 여름밤은 유난히 모기가 많았다. 그때 방장 속은 피신처였고, 그 안에서 숙제도 하고 책을 읽고 자수도 놓았다.

마당 수돗가에서 바라보면, 전등 불빛 아래 방장 속에 있는 사람들이 참으로 아늑해 보였고, 얼른 그 속으로 들고 싶은 유혹을 받았다. 완전히 드러나지 않는 것에 대한 막연한 동경이 피어났다. 방장 속에서 정원을 바라보는 것 또한 멋진 만남이었다. 툇마루 쪽 미닫이를 열면 나와 언니가 쓰던 건넌방에서도 뜰은 한눈에 들어왔다. 골목 전신주에 켜진 보안등의 형광빛을 받고 더위에 지친 몸을 쉬고 있는 나무들은 조그만 바람에도 수런거렸다. 숲의 요정이라도 나온 듯한 정원은, 시험공부라도 하는 깊은 밤엔 졸리는 눈을 떼 주었고, 사춘기를 앓는 날은 마음을 달래주기도 했다.

집을 짓는 기회가 오면 미닫이문이 큰 한옥을 마련하고 싶다. 여름밤이면 문을 열어젖히고 방장 속에 누워 도시에서 소외된 달빛을 받고 싶다. 밤벌레들의 연주 소리도 들이고 싶다. 사라져 버린 방장은 여름밤의 낭만이었다.

1996. 9.

꽃은 또다시 피는데

영신(迎神)을 위해 현관문을 열러 간 올케가 한참 후에야 들어왔다. 오늘은 지난해 유명을 달리한 큰동생의 기일이다.

어둠 속에 두 자루의 초가 신위를 밝히고 향이 타는 연기가 제상위로 피어오른다. 동생의 영혼은 지금 우리를 보고 있을까. 사랑하던 처자식이며, 대구에서 올라온 동생 내외, 막내아우와 제수, 누나들과 자형, 조카들, 그리고 사촌 형, 형수, 아우들을 만나고 있을까.

제관들 뒤로 보이는 골프채, 운동기구, 여행할 때 모아둔 외국의 토산품들, 허리통증 때문에 맞춘 보조용구. 손때 묻은 모두는 주인이 없어도 그 자리를 지키고 있다.

축문을 읽던 중간 동생은 기어이 울음을 터뜨렸다.

"영정 대신 지방 붙이면 됩니다." 절에 모셔 둔 영정을 찾아

와야지 않겠냐고 묻자, 단호히 대답하던 동생이다. 젊고 활기찬 모습으로 엷은 미소까지 짓고 있는 사진을 보면 눈물이 날 것 같아 아무도 영정을 고집하지 않았다.

쉰 살의 생일을 보내고 49일이 되는 날 동생은 갔다, 간암으로. 아홉수가 나쁘다는 말을 듣고 마흔 아홉을 넘기라고 기도하였다. 시간이, 하루하루가 빨리 가기를, 살아오면서 그처럼 바란 적도 없었다. 드디어 설을 넘기고 나흘 후 동생의 생일을 맞았다. 남편일로 경산에 내려가 있다가 상경하여 미역국과 찰밥을 해서 병원으로 달렸다. 그날을 넘기면 죽음의 그림자는 물러가지 않을까 싶어서.

아빠 없는 한 해 동안 조카딸들은 훌쩍 컸다. 작년 이맘때 상복 치마를 주체 못하던 아이들이 의젓하게 잔을 올리고 절하는 모습을 보니 불에 덴 듯 마음이 아렸다.

동생의 마지막은 외롭지 않았다. 회사에 사표를 내고도 1 년이 지났건만, 선배의 죽음을 맞아 후배 직원들이 총출동해서 연일 밤을 새워 주고 손님 접대도 앞장서 주었다. 간부들은, "자기 사업을 한다고 나간 줄 알았는데…." 안타까워했고, 연줄로 듣고 온 거래처 사람들의 애도는 심심했다.

지금은 독립해서 일한다는 옛 직원은, 은혜 입은 일을 말하며 울먹였고, 동생이 입원한 후 수시로 오던 아래 직원들은,

매일 빈소에 참배하고 가깝지 않은 경북 영천의 장지까지 따라와 주었다. 누나였지만 몰랐던 직장생활을 짐작하며, 잘 살아온 동생이 고맙고 다시금 애석했다.

동생은 병이 위중해서도 의연했고 남은 식구들에게 최선을 다하려 애썼다. B형 간염이 간경화가 되고 암이 되도록 누나나 형제들에게도 알리지 않았다. 나중에 사실을 알고, 눈 쌓인 아파트 앞 정원에 나뒹굴며 뛰어간 내게, "지병인데요 뭐, 알면 걱정만 끼칠 텐데…." 라며 오히려 우는 나를 달랬다.

가족의 뒷일을 생각했음인지 회사를 그만 두고도 몸져눕기 전까지 사업을 계속했다. 부모님은 물론이고 동기간에, 일가친척에게도 정성을 다했다. 아버님 돌아가시고 첫 제사를 갖아 주문한 제기를 직접 하나씩 하나씩 씻고 닦았다. 다음 제사를 기약할 수 없는, 얼마 남지 않은 삶을 생각했기 때문이었을 것이다. 업무 차 외국을 자주 드나들면서 가는 곳마다 선물을 사왔다. 아프리카에서 가져온 나비 표본, 호주에서 사온 캥거루 가죽, 콜럼버스의 범선 모형들은 내집 거실을 꾸며 주고, 상아 브로치는 내 옷을 빛내 주었다. 그렇지만 그것들이 이제는 슬픈 기억을 떠올리는 유품으로 남았다. 동생의 비보를 듣고 대구에서 영천에서 친척들이 달려왔고, 작은아버님은 "허허 참, 아까운 놈을…." 하며 담배만 태우셨다.

의식이 모두 끝나고, 지방과 축문은 불살라 재가 되었다. 동생은 다시 저승으로 갈 것이다. 신라의 월명사는 죽은 누이동생의 49재를 지내며 <제망매가(祭亡妹歌)>를 지었다.

삶과 죽음의 길이
이에 있음에 두려워
'나는 간다'는 말도
못다 이르고 갔는가?
어느 가을 이른 바람에
여기 저기 떨어지는 나뭇잎처럼
같은 나뭇가지에 나고서도
가는 곳을 모르겠구나.
아아, 극락에서 만나볼 나는
불도를 닦으며 기다리련다.

월명사처럼 불심이 깊지 못한 나는 먼 훗날 극락 가서 만날 생각보다 이승에서의 헤어짐이 가슴 아프다. 혼령이나마 전송하고 싶어 현관 밖으로 나왔다. 저 세상은 얼마나 먼 곳일까. 혼은 지금 어디를 날아가고 있을까. 영혼의 자취를 찾으려는 듯 이리저리 둘러보았다. 흐린 하늘은 별도 보이지 않고 그저 막막하다. 하염없이 걸어본다. 아파트 정원에 켜진 외등의 빛을 받아 목련꽃이 하얗게 눈부시다.

동생을 묻으러 가던 날도 벚꽃이 봉오리가 벌고, 시골길엔 배꽃도 복숭아꽃도 피어 있었다. '천지가 다 생명력을 분출하는데, 너를 묻으러 가다니, 가다니.' 그렇게 되뇌었다.

이제 또다시 꽃은 피는데, 아우여 다시 볼 길 없는 아우여.

2003. 4.

다시 생각하면 어떻겠니

지현아,

4월 중순에 든 이곳은 새 생명의 축제가 눈부시다. 초순에 닥친 꽃샘추위 탓인지 한꺼번에 봉오리를 터뜨려, 개나리와 목련, 벚꽃 심지어 라일락까지도 함께 본다. 머잖아 아기 속살 같은 잎들이 꼼지락거릴 것이다. 요즘 들어 유난히 꽃이 예쁘고 봄이 좋아지는 것은 젊음이 가버린 탓일까. 내가 꽃이었을 때는 꽃을 모르다가…. 세상일이 다 그런지도 모른다.

네가 있는 필리핀은 아마 우기가 시작되었겠지. 이번 여행은 좀 긴 일정이라고 들었다. 살면서 가고 싶을 때 마음대로 여행을 할 수 있는 것처럼 멋진 일도 드문 일이지. 휴가 동안 이국의 정취 속에서 자유를 만끽하는 네 모습이 눈에 선하구나.

얼마 전, 친구의 딸 결혼식에 네 엄마와 같이 갔단다. 그때 엄마는 한숨을 쉬며 말하더구나, "이젠 이런 데 오는 것도 재미가 없다."고. 네가 결혼을 안 하겠다는 생각이 확고하고 준비가 되면 독립하겠다는 말도 했다며.

지현아, 몇 년 전 그런 말한다는 얘기 들었을 대, 한때 하는 소리겠지 생각한 건 나나 너의 엄마나 같았단다. 때맞춰 철새 찾아오듯 동창들의 혼사 청첩이 날아오기 시작한 지도 여러 해 되니 엄마도 준비를 해야겠다고 생각하다가, 너의 바위 같은 한 마디에 가슴이 얼마나 무겁겠니.

널 처음 본 게 다섯 살쯤이었지 아마. 유치원도 다니지 않을 때였으니. 앙증맞은 아이가 존댓말을 쓰면서 어찌나 말을 조리 있게 잘 하는지 놀라며 웃었던 기억이 난다. 석돌 속에 섞인 차돌처럼 또래보다 유난히 영리한 네가 초등학교에서 중고등학교로 커가는 것을 옆에서 지켜보았고, 두 살 아래인 내 큰애의 교육에 도움을 받았지. 넌 모범생으로 자라 우리나라 최고 대학에 들어가서 너의 부모에게 기쁨이었고 주위에는 부러운 대상이었다. 그런 네가 "지금까지 많은 걸 누리면서 살았어요. 이제 힘들게 사는 사람을 도와야 해요."하며 운동권이 되었을 때도 난 걱정하는 네 엄마에게 기특하고 훌륭하다고 칭찬했다. 그런데 지금은 네가 생각을 좀 바꾸었으면 싶구나.

지현아, 네가 왜 독신을 원하는지, 어떤 삶을 꿈꾸고 있는지 잘 모르지만 사람은 여러 번 바뀌니까 나는 희망을 갖는다. 물론 삶에는 다양한 모습이 있고 홀로 훌륭히 산 사람도 많다.

테레사 수녀처럼 성자의 모습으로 이 세상에 왔다 간 사람, 베토벤이나 레오나르도 다 빈치같이 우리의 감성에 큰 울림을 주고 간 사람, 니체나 칸트처럼 뛰어난 지성을 펼친 사람. 우리나라에도 훌륭한 성직자나, 세계의 불쌍한 이들을 위해 구호단체에서 활약하는 사람도 있다는 걸 안다. 그러한 사람들이 가정을 가졌다면 업적이 달라졌거나 뜻을 성취하기 어렵기도 했을 거야. 특히 여자일 경우는 더욱. 세상에 나서 역사에 남을 위업을 이루는 것만큼 큰 성공은 없겠지. 그것까지는 아니라도 자신의 일에서 보람을 얻는다면 그 또한 가치 있는 삶이 될 거야.

그런데 말이다 지현아, 아줌마나 너의 엄마처럼 평범하게 사는 사람도 크게 이룩한 건 없지만 나름대로 한 몫은 한다고 보지 않니. 이 세계란 거대한 사회에 다음 세대를 이어갈 구성원을 생산하고 교육시키고 자립할 수 있게 만드는 것 그건 하나의 공로일 거야. 범인에겐 내 이름자 기억해 줄 후손을 낳고 나의 유전자를 전하는 것 또한 보람이 아니겠니. 내 삶을 증명함이 아니겠니.

한 가정의 주부로 살림을 꾸려가는 것, 자식을 낳아 키우는 것, 남편과 연결된 사람들과 융화하는 것, 참으로 힘든 일이 많지만, 그런 것들은 살면서 해결될 수 있는 일이란다. 너희 엄마나 친척, 이웃의 아줌마들이 때로 힘들어하는 모습을 보았겠지만 고통이란 이겨낼 수 있을 만큼 주어진다는 말도 있지 않니. 그런 것들도 지나고 나면 쇠막대기로 맞았다고 느낀 것이 나무꼬챙일 수 있단다. 극복했을 경우는 전화위복이 되기도 하고.

가정을 가진 여자에게 가장 아쉬운 건 자신을 위한 시간인데, 너희 세대에서는 우리 때보다 더 많이 만들 수 있으리라 본다. 사회의 분위기가 가족의 협조를 얻는 일이 쉬워졌다고 봐. 아기를 낳아 놓고 혼자 유학을 갔다 와서 성공한 어느 CEO의 기사를 일전에 신문에서 읽었다. 뜻을 두고 노력하는 사람에겐 길이 열리는 것 같아.

얼마 전 TV에서 놀라운 화면을 보았다. 독일에는 독신자용 벽지가 있더구나. 연예인이 아닌 평범한 사람이 웃으며 자연스럽게 앉은 모습을 실물 크기로 벽지에 찍어서 파는 거야. 혼자 사는 사람이 자신과 반대 되는 성(性)의 인물을 붙여 놓고 대화를 하는데, 외출 중에 있었던 일 또는 자신의 느낌을 아내나 남편에게 하듯 얘기하는 거야. 물론 이런 경우는 많지 않겠지만 그런 것이 상업화된 것은 수요가 적지 않음을 말하는 게 아니겠니.

함께 있으므로 불편하고 힘든 이유로 혼자 있고 싶은 욕망은 누구에게나 있겠지. 더구나 요즘처럼 둘 아니면 외동으로 자라서 서로 맞춰가며 사는 것이 어려울 수도 있을 거야. 어쩜 인간 본래의 모습은 고독한 것인지 모른다. 그래서 외로움을 이겨내려는 욕구도 어쩔 수 없는 부분이지만, 생명 없는 사진 앞에 앉은 그들은 딱해 보이더구나.

요즘, 많은 젊은이들이 "결혼은 필수가 아니라 선택이다."고 하지만 갈수록 길어지는 수명을 염두에 두면 혼자는 힘들다고 봐. 젊을 때는 사랑도 하고 부모 형제 가까이 살 수 있지만, 나이 들었을 때, 특히 늙어 몸이 불편할 때 마음으로 의지할 사람이 없다는 건 큰 슬픔일 거야.

'검은 머리 파뿌리가 되어도….'라는 주례사는 사라지고 이혼하는 부부가 수없이 많아도 가정이란, 세상의 험난한 파고를 넘고 나아갈 튼튼한 배가 아닐까. 1997년 말 경제위기가 닥쳤을 때 사업체가 부도나고 죽으려 했지만 가족의 위로로 이겨냈다는 사람들 이야기가 언론을 통해 많이 알려지더구나.

그 옛날, 젖은 솜처럼 기운이 빠져 퇴근하다가 집이 가까워오면 애들이 눈에 아른거리며 발걸음이 빨라지던 생각이 난다.

지현아, 어릴 적 무거운 책가방을 겨워하며 공부에 지친 몸으로 '엄마' 하고 현관문을 들어설 때의 푸근한 마음을 기억하니? 생일날 둘러앉아 함께 촛불을 켰던 그 순간을 생각해 보렴. 누군가에게 군고구마 같은, 보송보송한 솜이불 같은 사랑을 주고 싶지 않니.

난 면사포를 쓴 너의 고운 모습이 보고 싶다. 외손을 안고 기뻐할 내 친구의 모습도 보고 싶다.

2006 4.

※요즘 날로 늘어나는 '지현이'에게 이 글을 주고 싶습니다.

그대 없이는 못살아

그대 앞에 서면 나는 노래를 부르고 싶어요.

"그대 없이는 못살아, 나 혼자서는 못살아~."

자신에 대한 이 연모의 마음을 알면 그대는 좀 덜 힘들겠지요. 오늘도 수고가 많았어요. 닷새째 비가 와서 모아둔 일감이 많아, 두 번이나 일을 시켰네요. 평소 내 습관은 그대도 알다시피 일일일노(一日一勞), 하루에 한 번 일하기를 지켜주었지요. 특별한 행사가 있지 않고는. '사람이든 기계든 무리하면 탈난다.'는 친정 엄마의 지론을 인정하게 되었기 때문이랍니다. 하지만 오늘처럼 장마 중간에 반짝 해 뜨는 날은 그대도 이해해 주겠지요. 그 동안 충분한 휴식을 취했으니까 나도 덜 미안하네요.

앞 베란다와 뒤 다용도실에 있는 건조대를 다 사용하고도 제법 남은 옷들을 세탁소용 옷걸이에 걸어 일렬종대로 세우고 보니 그대 오늘 정말 일을 많이 했군요. 타고난 작은 체구, 부실한 허리, 약해 빠진 근력, 최근엔 손목 관절까지 이상이 생겼으니 그대가 없다면 내 삶이 얼마나 신산할까, 보지 않아도 알 수 있어요.

어릴 때 엄마는 이불 홑청을 벗겨서 방천에 가곤 했지요. 냇물에 씻어 삶아 냇가 자갈밭에 널어 말리면 하루해가 기울곤 했어요. 집에 수도가 들어오고는 커다란 플라스틱 통에 물 받아 화학솜 이불을 담고 발로 밟아 빨았지요. 그 일을 하고 나면 몸이 약한 엄마는 몸살이 나서 드러눕곤 했어요. 세월이 좋아서 이런 고초를 겪지 않아도 되니 얼마나 다행인지 몰라요.

그 옛날 내가 황제라면, "가전(家電) 제품 중에 실로 그 공(功)이 으뜸이오. 귀공(貴公)을 제후에 봉하오." 이런 칙서라도 내리고 싶은 심정이랍니다. 여러 전자 제품이 나름대로 다 훌륭한 소임을 하지만 내게는 그대만큼 큰 힘이 되는 게 없어요. 지게꾼이 화물차를 몰게 되는 경우라고 할까요. 덕분에 나는 책도 읽고, 글을 쓴다고 컴퓨터 앞에 앉을 수도 있어요. 짬을 내서 등산도 하고 영화도 보고 마음 놓고 여행도 할 수 있어요.

해서 난 1910년경 그대의 시조인 최초의 전기세탁기를 만든 미국인에게 무한한 감사를 드려요. 그의 이름이 유명하진 않지만 지구가 돈다고 주장한 코페르니쿠스보다 내겐 더 위대하게 느껴져요.

나와 그대의 첫 인연은 30년 전으로 거슬러 가야 하네요. 1978년 결혼을 하고 79년 연말, 만삭인 내게 남편은 그대─정확히 말하면 그대의 3대 선조지요.─를 선물했어요. 지금은 혼수 1호지만 그 당시만 해도 집집마다 세탁기가 있지는 않았으니까. 반자동이라 세탁조에서 돌린 것들을 꺼내 탈수조에서 비누거품을 짜 버리고 다시 세탁조에 넣어 헹굼을 하고 또 짜고, 몇 번씩 손이 가는 번거로움이 있지만 힘들여 치대야 하는 어려움을 덜었으니 그도 감사할 일이었지요.

날로 발전한 제품들은 이제 완전 자동으로, 헹굼을 한 번 추가 선택해서 돌리면 나는 빨래라는 중노동으로부터 해방이 되지요. 그래요, 세탁은 내게서 노동 이상은 결코 아니에요. 어떤 이들은 가끔 스트레스를 풀려고 팍팍 치대고 물속에서 휘휘 내둘리며 손빨래를 한다고 해요. 기운이 약해서인지 나는 엄두도 못 내지요.

혹시 몰라요, 단원의 풍속도에 나오는 개울가의 낭만이라도 있다면요. 빨랫감을 들고 개천으로 나가서 주위 산야도 눈요기하고 이웃집 아낙에게 동네 소문이라도 한 자루 듣는 덤이 있다면 좀 다를까요. 그도 내 팔의 근육이 왕성하다는 전제가 있어야겠지요.

지금 생각하면, 그 옛날 엄마를 도운다고 남동생들의 옷가지들 특히 물에 넣으면 막대기처럼 뻣뻣한 청바지 같은 것을 빨았는데 어찌 감당했나 싶네요. 그땐 젊기도 했지만 손세탁의 요령도 있었던 것 같아요. 그대가 세상에 출현하고부터 우린 힘들여 일하는 데서 차차 해방되고 점점 근력이 약화되었는지 모르지요. 모든 생물에서 사용하지 않는 부분이 퇴화되듯이. 농사가 주업인 시대에는 80킬로그램이나 되는 쌀 한 가마를 지는 일이 뉴스거리가 아니었지만 요즘 젊은이들이 20킬로그램 포대도 잘 못 드는 세태도 이와 무관하지 않을 겁니다.

어쩔 수 없는 변화는 받아들일 수밖에 없겠지요. 근데 그대를 사용하며 걱정스런 일은 물이 너무 낭비된다는 점이에요. 전 세계적으로 물이 부족해지고 있다는 뉴스, 우리나라도 그에서 자유롭지 못하다는 말을 들으면 마지막 배수되는 맑은 물이 아깝답니다. 받아서 걸레를 빠는 날도 있지만 그냥 하수구로 빠지는 경우가 더 많지요. 그런 마음의 부담을 안고 있지만 이제 그대 없이는 정말 살 수 없게 되었어요.

기계치에 가까운 내가 최신 전자제품들 앞에서 한동안 주눅이 들고 사용법을 익히느라 땀을 흘려도, 새로운 그대를 만날 때는 기대로 가슴이 부푼답니다. 몸매도 아름다워졌지만 솜씨가 날로 좋아져서 내 마음을 흡족하게 하니까요.

2010. 4.

도깨비 시장

모임이 끝난 뒤 우리는 그냥 집으로 가기엔 아쉬워 미적미적 걸음을 옮기고 있었습니다.

"오랜만에 시내 행차했는데 남대문 시장이나 갈까."

옷차림이나 장신구를 개성있게 연출하는 멋쟁이 친구의 말이라 귀가 솔깃합니다. 네 명의 수더분한 아줌마를 이끌고 그가 지하계단을 내려갑니다. '도깨비 수입 상가'란 이름표를 붙인 건물 속으로 말입니다.

출입문을 밀고 들어서자 나는 멈칫 섰습니다. 머리끝이 쭈뼛하도록 놀랐습니다. 커다란 동물 가죽이 덜렁거리며 걸려있는 겁니다, 여러 개가 겹쳐서. 제일 위의 작은 것은 언젠가 본 적이 있는 캥거루입니다. 그 아래 줄무늬가 있는 거대한 것은 뭘까 생각하는데 주인이, "얼룩말입니다." 합니다. 생물로서의 모습에 익숙한 눈에는 껍질만 벗겨서 펼쳐 놓은 모양은 낯설었습니다. 옛날 부자들은 호피(虎皮)를 걸어두었다는데 저것들은 어디다 쓸까 궁금합니다.

물건들로 가득찬 고만고만한 상점들을 잇는 미로를 지나가면서 내가 실험용 쥐라면 먹이를 얻어먹진 못하리란 생각이 듭니다.

초등학교 시절, 내 짝이 가진 잠자리표 일제 연필을 갖고 싶었습니다. 노랑, 연두, 윤기나게 선명한 색상의 연필은 글씨도 매끄럽게 잘 써졌습니다. 집안 형편을 아는지라 갈도 못 꺼냈지만 '국산품 애용'이란 거국적인 캠페인 앞에 쉬 잠재울 수 있는 욕망이었습니다. 그렇게 길들여진 생활은 내가 소비 주체가 되어서도 외제 물건에 대한 선호도는 약했습니다. 서울 생활을 한 지 얼마 되지 않은 28년쯤 전, 혼수를 장만하는 친구를 따라가 보고, 그 몇 년 후, 아들의 우유병을 사러간 적이 있는 도깨비 시장입니다.

그 때에 비하면 국산품의 품질이 뛰어나고, 백화점이나 동네 상가에도 수입품이 나보란 듯이 진열되었는데 아직 이 시장이 이렇게 붐비고 규모가 큰 데는 놀랄 일입니다. 20년을 더 건너뛰고 만난 도깨비 시장은 여전합니다. 화려한 그릇, 식품 의약품 술, 그리고 옷과 보석들로 반짝입니다.

그런데 왜 하필 도깨비 시장일까요.

국어사전에 도깨비는 '동물이나 사람의 형상을 한 잡된 귀신의 한 가지. 비상한 힘과 괴상한 재주를 가져서 사람을 호리기도 하고 짓궂은 장난을 하기도 하고 신통력으로 금은보화를 가져다주기도 함'이라 정의 내려 있습니다.

일상생활에서 잘 볼 수 없는 외국의 특이한 물건들이 많아 호기심을 자극한다, 고급스럽고 좋은 것들이 많아서 사람을 유혹한다, 좁은 길에 많은 상점이 얽혀 있어 왔던 길을 찾기도 어려워 혼란스럽다, 이런 특징들이 도깨비 같다는 느낌을 주는지 모릅니다.

큰애는 초등학교 5학년일 때 도깨비 분장을 했습니다. 한복을 입고 뿔을 달고 커다란 방망이를 들고 도깨비가 된 것이 자랑인 듯 신이 나서 가장행렬에 참가했습니다. 아들은 프로그램이 발표되자 서슴지 않고 도깨비를 하겠다고 했습니다. 어릴 때부터 도깨비 얘기를 많이 듣고 자란 우리들은 다른 귀신처럼 무서워하지 않고 친근감마저 갖게 되나 봅니다.

엉뚱한 생각에 일행을 놓친 나는 허둥지둥 인파를 헤치고 갑니다. 머리핀을 흥정하는 법우를 발견합니다.

"2000원에 주세요."

"3000원짜릴 1000원이나 깎으면 어떻게 해요."

싼 것도 있구나, 그래 그러니 도깨비지. 모자 가게 앞을 지납니다. 산에 갈 때 좋을 것 같은 모자가 나를 부릅니다. 값이 궁금한데 아무도 안 보입니다. "주인이 없네." 중얼거리며 지나치려 하자 "무엇 말이죠?" 하며 모자 사이로 사람이 튀어 오릅니다. 진짜 도깨비 시장입니다. 진열대 뒤 보이지 않는 공간에 누웠다가 일어난 모양입니다.

갑자기 몇 집 건너에서 속사포 쏘는 소리가 납니다. 사 간 옷이 마음에 들지 않는다고 환불을 요구하는 손님과 다른 것으로 바꿔 가라는 상인 간의 접전입니다. 그곳을 거치지 않는 길로 방향을 바꿨습니다. 불우이웃돕기 모금함을 든 젊은이들이 옵니다. 가게 앞에 고개를 숙이고 섰다가 그냥 돌아서 나옵니다.

중국 어느 홍등가에 걸렸을 것 같은 등, 일식집에 어울릴 걸게그림, 올망졸망 귀여운 도자기 인형들, 박제한 거북, 페르샤의 시장에서 옮겨온 물건들. 예쁘고 재미난 것도 많습니다. 근데 이 세상 모든 물건이 다 있을 것 같은 이곳에 도깨비 방망이는 보이지 않습니다. 너무 귀한 것이라 숨겨 놓고 파는 걸까요. 카드도 안 되고 현금만 받는다는 말에 맘에 드는 물건도 내려놓고 나왔습니다. 비싼 보석도 밍크옷도 있는데 다 현찰로만 받다니, 그도 도깨비같습니다. 10개를 팔아도 1개를 판 것처럼 할 테니 말입니다.

밖에는 땅거미가 내려 정말 도깨비가 나올 시간이 되어 갑니다.

"너희 인간들아, 내 이름을 훔쳐가서 뭣들 하는 게야. 이름값을 안 하려거든 지적 재산권이라도 인정해서 로열티라도 내어 놓아."

어디선가 두 눈을 치켜뜨고 커다란 뿔을 흔들고 나타날 것 같습니다.

저녁을 먹고 텔레비전을 켰습니다. '대구뽈찜'집을 성공적으로 개업하는 이야깁니다. 이것저것 사업하다 빚만 몇 천 만원을 진 사람에게, 요리비법을 전수하고 밀린 가게월세 삼백만원을 내 주는 대박사장—음식 맛이 뛰어나 대박 터지듯 잘 되는 식당 주인이 악수를 청합니다. 아, 도깨비 방망이는 바로 여기 있습니다. 조그만 방망이는 여기 저기 많이 있을 것 같습니다.

2005. 9.

천 원의 무게

저녁 모임에 다녀온 남편이 "허, 참."을 되뇌며 말했다. 1000원 때문에 좋았던 기분이 망가졌다고. 요금이 5500원이라 해서 만 원권을 내고 미리 내렸다는 것이다. 그런데 거스름돈을 받고 택시가 떠나 버린 순간 이상한 기분이 들었단다. 돈을 헤어 보니 천 원이 모자란 3500원이었다. 작년에도 그런 일이 있어서 기사가 잘못 세었겠지 했는데, 1 년도 되지 않아 또 이런 일을 당하고 보니 상습적으로 그런 사람이 있는 모양이라고 했다.

돈을 받아 확인할 때까지 차에 타고 있어야 하는데, 먼저 내린 일은 조급한 성질을 가진 사람의 어리석음이라 할지 모른다. 그러나 급한 성격이 아닌 나도, 어쩌다 택시를 타면 곧잘 미리 내린다. 1,2 분밖에 안 되지만 기다리고 앉아 있기가 왠지 편치 않다. 차가 정차하는 시간을 줄여서 기사가 빨리 가도록 해야 한다는 배려의 마음도 있기 때문이다. 그리 옹졸한 편이 아니고, 요금보다 더 얹어 주기도 잘하는 그지만 꽤나 기분이 언짢은 모양이다. "아마 계산을 잘못 했겠지요."라고 말은 했지만, 나도 다음부터는 돈을 받고 내려야겠다고 생각했다.

휴일이면 동네 야산을 오르곤 한다. 경치가 뛰어난 것은 아니지만, 배드민턴이나 배구를 할 수 있는 코트와 간단한 운동시설도 갖춰져 있어 사람들이 꽤 찾아오는 곳이다. 가는 길목에는 일요일만 열리는 노점이 있다. 리어카나 좌판도 없이 사각형 플라스틱 바구니에 담아 땅바닥에 늘어놓은 물건들이 5미터 이상 두 줄로 펼쳐져 있다. 양쪽 끝에는 '단돈 1000원'이란 빨간색 글씨가 전시품보다 크게 씌어져 사람들을 유혹한다. 가위, 접착테이프, 줄자, 자동차에 비치할 간단한 공구, 가정용 집기들, 잡다한 것들이 오가는 이의 시선을 받고 누워 있다.

전을 펴고 거두는 일도 무척 시간이 걸리겠다고 느껴졌다. 천 원으로 살 수 있는 것도 참 많구나 생각했지만 사지는 않았다. 요긴하게 쓰일 물건들은 거의 집에 있는 것이고, 참으로 싸다고 여겨지는 것은 금방 못쓰게 되지나 않을까 하는 의구심이 들어 그만 두게 되었다. 내 자신 1000원에 대한 가치를 크게 두지는 않고 있는 것이다.

IMF 체제하인데도, 지난 겨울 불우이웃 돕기 성금이 그 전

보다 많이 모였다. 어려운 때일수록 서로 돕는다는 따뜻한 마음의 발로이기도 하지만, 일등 공신은 ARS 전화성금모금이라고 한다. 지정된 전화번호만 누르면 천 원이 모금을 주관하는 곳에 기록되어 들어가고, 나중 전화요금 고지서에 추가된 1000원을 납부하는 방식이다. 조그만 액수의 성금을 가지고 언론기관이나, 동사무소 같은 곳을 가야하는 번거로움 때문에 못하던 사람들, 작은 선심에 이름까지 밝혀야 하는 은행 이용을 겸연쩍게 느끼던 사람들, 이들 모두가 부지런히 전화를 걸었다. 단돈 1000원으로 남을 도울 수 있다는 흔쾌한 마음이 일궈낸 쾌거일 것이다.

일반적으로 천 원이란 돈은 큰돈이 아니다. 라면 두 개, 과자 두 봉지, 공책 두 권을 살 수 있고, 1구간의 지하철을 왕복으로 타며, 사과나 참외 같은 과일은 보잘 것 없이 작은 것을 겨우 하나 살 수 있는 돈이다. 그래서 많은 사람들이 쉽게 전화를 걸게 되고, 1초에도 몇 번씩 숫자가 바뀌는 텔레비전 화면을 볼 수 있었다. 이렇게 모여진 액수가 방송사마다 억대 10억대에 이르렀다.

1000원짜리 한 장을 잃었다고 그리 속상해 하는 사람은 별로 없을 것이다. 그런 이유에서 의도적으로 돈을 덜 거슬러 주는 기사가 만약 있다면, 그 때 1000원의 무게는 실로 큰 것이라 하겠다. 스스로의 양심을 평가하는 천 원이 되었으므로.

물질의 가치란, 그 값의 크고 작음에 있지 않고, 그것을 사용하거나 가진 사람이 느끼는 무게와 같은 것이 아닐까.

좋아하는 이로부터 받은 단 한 송이의 장미를, 지나가다 마주친 아름드리 꽃바구니보다 하찮게 느낄 사람이 있겠는가. 다시 만날 수 없는 먼 길을 가버린 친구가, 그 옛날 학창 시절에 준 100원권 기념주화를 어찌 값을 매기겠는가. 참으로 많은 사람이, 돈으로 따지면 보잘 것 없고 흔한 물건을 소중하게 간직하는 경우를 본다. 그것은 그 물건과 관계 지어진 어떤 인연 때문일 것이다.

100원을 가지고는 사탕 하나도 살 수 없다. 그러나 무심코 일반 버스를 타고 동전이 모자라 난처한 경우를 당한 사람은, 백 원짜리 동전 하나가 그렇게 귀하게 여겨질 수가 없을 것이다. 같은 물건이라도, 사람에 따라 때에 따라 그 값어치는 달라질 수 있다.

잃어도 속상하지 않고, 주어도 별로 아깝지 않는 조그만 액수의 돈이라도, 상대의 믿음을 저버리게 했다면 그건 결코 가벼운 것이 아니다. 자신의 인격에 손상을 준 엄청난 무게로 계산될 수밖에 없다.

1999. 1.

강아지를 키우시나요

아파트 엘리베이터에서 만나고 싶지 않은 사람이 있다.

50대 후반쯤으로 보이는 그 여인은 개 두 마리를 데리고 다닌다. "얘들아 빨리 와." 소리치며 엘리베이터 문이 닫히지 않게 단추를 누르고 기다린다. 그러면 털복숭이 두 마리가 곤두박질치듯 뛰어온다. 한 평도 안 되는 공간에서 요리 조리 뛰어다니면, 혹 내 발이라도 물지 않을까 신경이 곤드서 구석으로 비켜난다. 그러는 내가 우스운지 그는 웃음을 띠고, "얘들은 물지 않아요." 한다. 어쩌다 외출에서 돌아올 때를 빼면, 언제나 '얘들'과 함께다. 그는 모든 사람이 자기처럼 개를 좋아한다고 생각하는 것일까. 조금도 미안해하는 기색이 없다.

정이 많은 사람이 동물을 사랑한다는 말이 있다. 그런 관점에서 본다면 나를 냉정한 사람이라고 해도 할 말은 없다. 동물을 키워보고 싶은 생각은커녕, 그 털이 몸에 닿으면 소름이 끼칠 지경이다. 남들은 좋아하는 동물을, 왜 좋아하지 못하는 것일까. 성격에 문제가 있는 건 아닌지 모르겠다.

내가 어떤 집을 방문하여 가장 난처할 때는 애완견이 있는 경우다. 그것이 마당에 매여 있으면 그래도 괜찮지만, 아파트에서 놓아기를 때는 당혹감까지 느낀다. 아무리 귀엽게 생긴 강아지도 짖으며 나를 향해 다가오면 그냥 돌아 나오고 싶다. 주인의 호통으로 적의를 버리고 슬슬 가까이 오면 나는 체면이고 뭐고 없이 이리저리 피한다. 때로 그럴 수 없는 처지일 때, 위험스런 상황을 만들지 않으려고 아부를 하기도 한다. 전혀 내키지 않지만, 잠잠해 지기를 바라는 마음에서 억지로 머리털을 쓰다듬는다. 맨 몸에 벌레가 기어 다니는 것 같은 스멀거림을 가까스로 참고 있는 내 표정은 아마 가관일 것이다.

다행히 우리 집에는 애완견을 키우자고 성화인 사람은 없다. 삼부자가 다 동물을 좋아해서, <동물의 왕국>이란 TV프로 애청자이지만, 온 집안에 냄새를 풍기며 털이 날아다니는 것을 원하지 않는다. 초등학교 입학한 다음날 햇병아리를 사서 안고 왔던 막내가, 4년 전 중학생이 되어 친구네 강아지를 보고 우리도 키우자고 조른 적이 있다. 그 때, 나는 실내에서 동물을 키우는 모든 폐해를 들어 거절했다. 남편은 주택으로 이사 가서 키우자고, 아침마다 함께 산보도 하자고 달랬고 나도 승낙했다. 그것까지 거절하는 것은 나만의 이기심일 테니까.

옛날, 아니 10년 전까지만 해도 개에게 먹이를 사서 먹이고 목욕을 시키고 옷을 입히는 일은 먼 나라의 얘기였다. 대문 앞에서 그저 집을 지키고, 주인이 먹다 남은 음식을 먹고, 산책할 때면 뒤를 따라오는 주종의 관계였다. 어떤 지방에선 충성을 다한 후에 주인의 보신용으로 죽기까지 한다.

문화라는 것이 그렇듯, 취미 생활도 경제적 여유를 바탕으로 한다. 거품 경제의 풍요와 함께, 낯선 서양 문화의 하나인 애완견을 기르는 풍조가 생겼다. 고가의 외래종 견공(犬公)들이 거실을 누비며 수입 사료를 먹고, 장난감을 가지고 놀며 자식인 양, 친구인 양, 사랑을 받았다. 이웃에 나들이를 갈 때도 안겨 가고, 슈퍼마켓에 갈 때도 함께였다. 심지어, 대접받지 못하는 노인들 사이에선 개팔자보다 못하다고 하는 자조 섞인 유행어가 생겨나기도 했다.

분별없는 사람들은, 여름밤 아파트 광장이 울리도록 사랑하는 개가 짖게 내버려 두기도 한다. 바람이 들게 열어둔 창문으로 밤새 견공들의 외침을 들어야 하는 이웃 주민들은 불쾌지수가 올라갔다. 또 다른 개들은 옆집에 방해가 될까봐 성대수술을 받고 짖지 못하게 되었다. 소리치는 본성마저 잃은 그들,

배설을 적게 하도록 사료를 먹는 그들은, 쾌적한 실내에서(인간의 관점에서) 넘치는 사랑을 받는다는 것으로 정녕 행복할까. 내가 보기에는 개를 사랑한다는 이유로 오히려 학대하는 경우가 될 수도 있을 것 같다.

몇 해 전 바로 아래층에 살던 이는, 외출할 때마다 강아지를 화장실에 넣고 나갔다. 정해진 장소에 배설하는 것을 익히지 못해서라고 한다. 자신이 돌아올 때까지 답답한 화장실 속에서 깨갱거려야 하는 생명체의 고통은 염두에 두지 않았다. 아래나 위에 사는 이웃들이 몇 시간씩 소음에 시달리는 데 대한 배려도 전혀 하지 않았다.

지난해부터, 유행처럼 번지던 개 기르기가 주춤해졌다. 먹고 사는 문제가 급해진 때문이다. 며칠 전에는 버려진 동물들을 데려다가 키운다는 여인의 얘기가 텔레비전 방송에 나왔다. 경제 한파가 몰아친 후, 키우던 동물을 버리는 사람이 많아졌단다. 동물을 너무 사랑하기에 그냥 둘 수가 없었노라고 했다. 식구가 차츰 불어나서 집도 서울시를 벗어난 한적한 곳으로 옮겼는데, 혼자 힘으로 사료를 댈 수 없는 형편에 이르렀다고 한다. 한 가족으로 살다가 그렇게밖에 할 수 없을까. 좀더 나은 방법은 없었을까. 자식도 고아원으로 보내는 마당에 동물쯤이야 했을지도 모른다.

T.S. 엘리엇은 "동물은 좋은 친구들이다. 그들은 질문도 하지 않거니와 비판도 하지 않는다."고 말했다. 많은 사람들이 애완동물을 키우는 이유가 사랑을 주면 그대로 받고, 주는 것 이상으로 돌려주기 때문이라 한다. 사람을 대상으로 했을 때의 고통, 예를 들어 짝사랑이나 배신을 당하는 것 같은 일은 결코 없기 때문이라 한다. 그들은 불평도 요구도 없이 준 대로 받는다. 심심할 때, 외로울 때 쉬 가까이 할 수 있는 대상이다. 사람이 살아가면서 때로 개에 의지하는 것은 이해가 된다. 그렇다고, 사랑한다는 미명아래 생명을 유린하는 권리는 그 누구에게도 없다.

어두워 오는 거리에서 초라한 모습으로 헤매는 강아지는 더 이상 없었으면 좋겠다.

1999. 3.

가정에 대하여

초인종 소리에 깨어났다. 깜빡 잠이 들었던 모양이다. 시계는 새벽 1시를 막 넘고 있다.

만취가 되어 들어온 남편은 몸을 이리 기우뚱 저리 기우뚱하며, 두 아들의 방을 들여다보고는 그냥 쓰러져 잠 속으로 빠져 버린다. 잠들기 전에 옷을 벗기고 씻게 하려던 나의 노력은 허사가 된다. 저토록 취해서 어떻게 집은 찾아올까. 자신의 말이나 행동을 전혀 기억하지 못할 정도로 취한 상태, '필름이 끊어졌다.'고들 말하는 그 상태는 무의식이 작용하는 것일까. 그 상황에서도 찾아오는 가정이란 무엇일까.

식구들은 집을 나서며 "다녀오겠습니다." "갔다 올게."라고 말한다. 모두가 돌아온다고 한다. 치매노인들이 가장 많이 하는 말이, '집에 가고 싶다.'는 말이라고 한다. 가정이란, 죽어

저승으로 가기 전에는 돌아오는 곳이다. 무엇이 그들을 돌아오게 하는 것일까.

초대받아 간 집이 아무리 화려하고 편리하게 지어졌다 하더라도 내 집만 못하다고 느끼는 것은 가정이란 우리에게 안식처이기 때문이다. 그러나 단순한 휴식을 구한다면 혼자 사는 편이 가장 좋을지 모른다.

어떤 드라마에서 남자에게 매를 맞으면서도 함께 사는 여자가 있었다. 정식으로 결혼을 한 것도 아니고 아이가 있는 것도 아니었다. 사랑으로 물불을 가릴 수 없는 나이도 아니다. 왜 헤어지지 못하냐고 물었을 때 그녀는 말했다.

"혼자되는 것이 겁나서, 너무 싫어서…."

사람에 따라 개인차가 있을 터이지만 대체로 어딘가에 소속되고 싶은 욕망은 본능이리라. 때로 다투면서 미워하면서도 가정을 꾸려나가는 것은, 소외되지 않음을 행복해 하고 사랑을 베풀고 또 확인하면서 삶의 의미를 느끼기 때문이다.

가끔 혼자이고자 하는 욕구도 그 속박을 잠시 벗어나고자 하는 몸짓일 뿐이다. 여행에 대한 흥분이나 즐거움도 다시 돌아올 가정이 있기에 가능하다.

지난해 연말, 우리나라를 찾아온 경제 한파는 우리 집에도 큰 영향을 주었다. 남편은 정치에 대한 야망을 갖고 있다. 그런 그가 꿈을 실현하는 일을 연기하기로 결정을 내린 것이다. 막내가 이제 고등학생이 되는데 아직은 위험 부담을 줄 수 없다는 이유에서다.

"처자(妻子)를 가진 사람은 운명에 인질을 맡긴 것과 같다. 그 이유는 아내와 자식은 대사업의 걸림돌이 되기 때문이다."라고 프란시스 베이컨은 말했다. 이는 가정이 남자로서의 삶에 장애가 된다는 부정적인 측면의 이야기지만 일리는 있다고 생각된다. 남편의 머리숱이 유난히 적어지면서, 가족의 생계를 위해 한 인간으로서 가진 오랜 꿈을 포기하도록 할 수는 없다는 생각이 들었다. 기회를 봐서 출사표를 던지라고 내키지는 않지만 말했다. 그런데 시절이 갑자기 달라지자 그의 생각이 변한 모양이다.

가정이 개인에게 있어 구속이 되기도 하는 것은 남자에게만 해당되는 얘기는 아니다. 촉망받던 독문학도였던 친구의 언니는 아이를 낳고 드물게 좋은 조건의 유학을 포기해야 했다. 그런 국한된 이야기가 아니라도 가정을 지키기 위해 자신의 욕구를 충족시키지 못하는 경우는 많다. 훌쩍 떠나고 싶을 때 여행도 마음대로 못한다. 식사 때가 다가오면 외출을 했다가도 바삐 돌아온다. 피곤해서 짜증이 날 때도 가족의 식탁을 위해 장을 보러 간다. 흥미진진한 책도 집안일을 한 연후에 보아야 한다.

독립 운동가에게 가정은 조국 다음의 가치였다. 아니, 그들에게 가정이란 존재하지 않았는지도 모른다. 특별한 상황에서의 가정은 또 달라질 수 있을 것이다. 그러나 비상시가 아닌 지금 남편이나 내게 있어 우리 가정은 삶의 구심점이다.

신혼 무렵 우리는 '하늘같은 남편'이란 말 한 마디로 싸웠다. 합동결혼식을 하는 장면이 잠깐 텔레비전에 나오면서 주례사의 일부에 나온 말이다. 나는 남편이 무슨 하늘이냐고 했고 그 말에 그는 화를 냈다. 함께 산 햇수가 20년이 되어가는 지금, 그는 나의 하늘이고 나는 그의 하늘이기를 바란다.

"사람은 자기가 원하는 것을 찾아 세상을 돌아다닌다. 그리고 가정으로 돌아왔을 때 그것을 발견한다."고 영국의 시인 조지 무어가 한 말은 범인(凡人)으로 사는 우리에게 깨우침이 될 것이다.

1998. 3.

풀꽃 한 송이

소철 화분 가장자리에 한 송이 풀꽃이 피었다.

화초에 물을 주러 베란다에 나간 남편이 꽃피었다고 나와 보라고 할 때, 으레 난꽃이려니 했다. 춘란이 진 지도 오래 되어, 긴 장마 중에 햇살 보는 마음으로 뛰어갔다.

그는 난분이 아닌 소철 화분 앞에 쪼그리고 앉아 무언가를 들여다보고 있다. 앙증맞게 작은 풀꽃이었다. 7센티 정도의, 서 있을 수 있다는 것이 믿기지 않을 만큼 가녀린 줄기에 엄지손톱보다 작은 잎들을 달고 맨 꼭대기에 메주콩만한 꽃을 피우고 있었다. 흰색에 가까운 연분홍꽃이다. 최근 2년 동안 분갈이 한 적도 없고 다른 곳으로 옮겨준 적도 없는 화분 한 쪽에 숨실 흙을 빌어 피어난 이름 모를 풀꽃.

바람타고 날던 꽃씨가 어쩌다 13층까지 올라온 것일까. 올

봄에 새로 온 두 개의 난분 어딘가에 묻어 온 것일까. 식구 모두 의문은 풀지 못했지만 그 생명력은 대견해했다. 어느 곳인가에 있을 가족 친지 친구들을 떠나 외로이 핀 것이 애처롭다. 관음죽 화분에서 곁살이 하는 클로버 잎들은 무리지어 살고 있어 안됐다는 생각 없이 지났는데….

어쩌다 텔레비전 아침 프로에서 헤어진 가족을 찾는 장면을 보곤 한다. 길을 잃었거나 집을 나왔거나, 가정형편이 어려워 보육원이나 남의 집에 맡겨져서 20, 30년을 혼자 살다 꿈에도 그리던 가족을 찾는다. 그들은 모두 오랜 세월 동안의 외로움을 서럽게 서럽게 운다.

혼자 며칠간 여행을 했으면 싶을 때가 있다. 그것이 '며칠간'이기에 희망 사항이 될 수 있을 것이다. 언제까지나 혼자라고 생각하면 견디기 어려운 일일 것이다. 혈연 지연 학연 모든 인연이 만드는 굴레를 성가셔하면서도 사랑할 수밖에 없다. 그건 삶의 버팀목이니까.

이 풀꽃이 내년에도 필까. 자세히 보니 꽃송이 아래 두 개의 꽃받침이 달려있다. 먼저 피었다가 진 모양이다. 이 꽃에서 떨어진 씨들이 두 개 세 개 아니 그 이상의 싹을 틔워서 실 같은 줄기라도 서로 의지하는 모습을 볼 수 있으면 좋겠다.

1997. 7.

보기에 따라서

단풍의 계절이 왔다. 풍요로운 색의 향연은 야외로 산으로 사람들을 불러댄다. 가을 산의 여왕은 단연 단풍나무일 것이다. 다홍색 잎이 나무를 치장하고 거기에 태양빛이라도 가세한다면, 그 황홀한 눈부심은 한숨을 쉬지 않고 바라볼 수 없다.

그런데 단풍나무를 보면 나는 곧잘 생각했다. 저처럼 아름답게 물들었다가, 뭇나무들처럼 스산한 늦가을 바람을 못이긴 듯 낙엽지면 어떨까. 도저히 아쉬움이 남는다면, 눈보라 날리는 겨울날 눈송이 벗 삼아 하강무(下降舞)를 추면 어떨까. 봄이 되도록, 이웃들이 새눈에서 잎을 피우도록, 심지어 산수유 같은 나무들이 꽃을 피우도록 그 옆에서 말라 쪼그라진 잎을 가지에 달고 있지는 말았으면 하고. 아마 내가 아는 나무 중에 가장 늦게까지 헌 잎을 달고 있는 것이 단풍이다.

새 생명이 피어나는 곳에 어울리지 않는 고엽의 단풍나무를 보면 노추(老醜)라는 단어가 떠올랐다. 병 깊어 누워서도 곳간 열쇠를 움켜쥔 옛이야기 속의 시어머니 같은 느낌이 들었다. 그런데 지난해 우연히, 그런 얘기를 하다가 은사 한 분이 "마지막까지 생명을 태운다고 볼 수 있지요." 하는 말을 들었다. 나와는 전혀 다른 관점이었다. 하기는 만지면 외마디 비명도 지르지 못하고 부스러질 것처럼 보이는 잎이 그 모진 칼바람을 견디고 겨울을 지나온 것은 신기한 일이다. 묵은 잎이 떨어지자 새잎이 금세 성큼 자라는 걸 보면 검불 같은 것이 어떤 중요한 역할을 하는 것은 아닐까. 그런 의식이 들자 내 몸이 쓰러질 때까지 살림살이를 맡아 하는 어머니같이 숭고해 보이기도 한다.

남편은 아침마다 내 스케줄을 묻는다.
"오늘 별일 없지."
"점심 약속 있는데."
"누구랑."
"큰애 친구 엄마들."
"3시까진 들어오겠네."
"일산까지 가니까 그보단 늦을 걸."

서로 하루 일정을 알면 갑자기 찾을 일이나 궁금한 일이 있을 경우 대처하기가 쉽다. 그래도 가끔 지나치다 싶어 자존심이 상하기도 한다. 더구나 요즈음은 휴대전화가 있어 어지간한 불편은 덜어 주지 않는가. 여학교인 고등학교 동창 모임에 간다면 남편은, "거기는 지하철 내려서 꽤 걸어야 하는데, 택시 타." 목적지 가는 길을 걱정해 주기도 한다. 남녀 공학이던 중학교 동기회에 갈 때 그는, "비도 오는데 사람도 별로 안 오겠네." 시큰둥하니 반응한다. 어떨 땐 나를 못 믿나, 나를 의심하는 것은 아닐까, 하는 생각이 들 때도 있다. 그러다가 그래 이왕이면 좋은 쪽으로 생각하자 마음을 고쳐먹는다. 그의 속내의 실체를 알지 못하지만 ○○증이란 병명보다는 며느리 볼 때가 되어가는 지금도 나를 아끼고 있다고 위안 삼으며 마음 편하기로 한다. 이제는 어떤 모임도 장기 여행도 자유로이 할 수 있게 암묵적 합의를 보았다는 친구들이 부럽지만 말이다.

우리가 볼 수 있는 진실은 얼마나 될까. 자연의 오묘한 현상이나 수많은 동물, 식물들, 그리고 천차만별의 사람. 그들을 바라보는 입장은 지극히 개인적이고 주관적이다. 그것이 실상에 가깝든 멀든.

우리 아파트 상가에 있는 옷 수선집에는 인사를 잘 안 하는 재봉사가 있다. 문을 밀고 들어가면 쳐다보기만 한다. 특별히 퉁명스럽거나 기분 나쁘게는 하지 않아서 그냥 어디를 고쳐 달라는 주문을 하면 언제까지 오라고 말하고 옷을 옷걸이에 단정히 건다. 잘 해 주세요 하면 예 대답할 뿐이다.

같은 옷 수선공을 두고 어떤 이는 무뚝뚝하고 인사성이 없다고 거래를 끊었다는데, 다른 이는 수다스럽지 않아서 좋고, 옷도 잘 고치고, 고객의 요구가 비효과적일 때 조언도 해 주는 남을 배려하는 마음이 있어 단골이 되었다고 한다. 어떻게 보면 두 가지 다 그의 참모습일 수도 있다. 무엇에 더 중점을 두느냐에 따라 한 사람은 가까운 곳에서 일을 해결하고 또 한 사람은 더 먼 곳으로 옷을 들고 가게 된다.

동일한 사물이나 사실에 대해 관점을 달리한다는 것은 재미스럽기도 하고 학문에서는 새로운 분야를 개척할 수도 있을 것이다. 그러나 때론 의견 충돌을 몰고 오기도 한다. 우리는 참으로 단순하게 바라보고 비판하고 결정내리는 것은 아닐까.

내 주위의 누가 낯설어 보일 때, 이해되지 않을 때, 나는 그의 등 뒤로 돌아가 보리라. 이른 봄 단풍나무의 고엽이 멀리서 보면 꽃처럼 보이기도 한다는 사실을, 남편의 지나친 참견이 무관심보다는 낫다는 생각을 염두에 두며.

2003. 10.

잃어버린 청춘을 위하여

고등학교 동창이 책을 보내왔다. 302쪽의 국판 크기에 글씨도 크지 않아, 꽤 많은 분량의 글을 실은 듯 했다. 1975 년생의 저자는 롱부츠와 미니스커트를 입고 활짝 웃고 있다. 수면을 박차고 튀어 오른 돌고래처럼 활기가 넘친다. 이 당찬 딸을 둔 엄마의 뿌듯해하던 얼굴이 떠오른다.

오랜만에 간 동기회에는 졸업 후 처음 보는 낯선 친구도 몇 있었다. 어딘가에서 제 몫을 하느라 바쁜 세월을 보내고 이제 여유로운 웃음을 피우고 나온 것이다. 일본에 오래 살았다는 옆 좌석의 동창은 딸이 수필집을 냈다고 했다.

"몇 살인데 벌써?"

놀라는 내게, 한 권 부쳐 주겠다는 말을 하는 그의 낯빛은, 딸에 대한 긍지로 화안했다.

책은 생각했던 문예지가 아니고 '한국 여성의 좌충우돌 일본 취업기'란 부제처럼 생활수기 같은 것이었다. 스물 여덟의 젊음이, 겁없는 용기가 테니스코트에 울리는 공소리처럼 경쾌하게 느껴지는 글도 있고, 부모와 떨어져 이국땅에 사는 고독이 묻어나는 안쓰러운 글도 있다.

12년 이상의 일본 체류에서 배운 일본어와 대학과 미국연수에서 익힌 영어를 무기로, IMF의 취업난을 뚫고 일본으로 날아간 그 애는, 커리어우먼을 향해 뛰고 있었다. 그러면서 신나고 기쁜 일, 우울하고 슬픈 일을 펼쳐 보이며 당당하게 살아가는 신세대였다.

얼마 전, 친구아들이 연출가로 데뷔하였다. 축하도 하고 모처럼 연극도 보자고, 중학교 동창들이 모였다. 미국에서 공부할 때 본 것을 직접 번역하였다는 <ART>는, 세 남자의 유쾌한 수다 속에서 우정을 말하는 작품이었다. 배우들의 연기도 흠잡을 데가 없었고, 여운을 남기는 내용도 흥미가 있었다. 막이 내리고 불이 켜진 뒤 나는 보았다 친구의 흐뭇해하는 모습을. 시위를 떠난 화살이 과녁의 중앙에 박히는 것을 본 사수처럼. 그러나 끝날 때까지 마음을 졸이고 손에 땀이 났다고 그녀는 말했다.

부산에서 교편을 잡고 있는 친구는 힘들게 뒷바라지를 했다.

두 아들을 일류 대학에 보내고, 서울생활을 할 수 있게 물심양면으로 헌신했다. 경제학을 전공한 아들이 연극에 취해, 다시 예술대학을 마치고 미국을 가고, 연출가로 첫 발을 내딛기까지 겪은 어려움이 오죽했을까. 그래도 어머니는 자랑스런 미소를 보일 뿐이다.

부모에게 있어서, 더욱이 여자에게 자식은 무엇인가.

아픔이다가, 자랑이다가, 행복이다가, 안쓰러움이다가…. 나를 통해 세상에 왔지만 내가 어찌할 수 없는 존재가 되는 자식.

아들아
너와 나 사이에는
신이 한 분 살고 계시나보다.

왜 나는 너를 부를 때마다
이토록 간절해지는 것이며
네 뒷모습에 대고
언제나 기도를 하는 것일까?

—<아들에게> 중에서

문정희는 이렇게 모정을 말했다. 너나 없는 어머니들의 마음이 아닌가. 내 마음을 저리게 하고, 기도하게 하는, 끊을 수 없는 탯줄로 영원히 이어진 자식. 이제 그들의 시대가 열리고 있는 것이다.

기도를 먹고 자란 우리 아이들이 라이트를 받으며 무대에 등장한다. 흰 가운을 입고 환자의 치아를 들여다본다. 처방전을 읽으며 약을 조제한다. 연구실에서 현미경 속을 뒤지고, 자동화 공장에서 생산 라인도 점검한다. 상사 앞에서 업무 보고를 하느라 입이 마르고, 영업 실적을 올리느라 시간을 쪼개며 뛴다. 그리고 가정을 이루고 후세를 낳는다. 신인이라 미숙하여 실수도 하겠지만, 신록의 잎들이 녹음을 이루듯 그렇게 커갈 것이다.

그 날 함께 구경을 마친 우리들은 뒤풀이를 했다. 새내기 연출가의 양양한 앞날을 위하여, 아울러 가버린 우리의 젊음을 위해서 술잔을 높이 들었다. 20대에 들던 커다란 생맥주 잔이 무겁다고 느끼면서, 넘쳐날 듯 솟아나는 거품을 바라보았다. 하얀 포말을 삼키면서 떠들었다. 늘어나는 잔주름도, 여기저기 돋아나는 갈색 반점도 부끄럼이 아니라고. 새 시대를 위해 바친 젊음은 보이지 않는 훈장이 되었다고.

물론, 누구나 다 자식이 잘 되지는 않는다. 아이 때문에 지금도 고초를 겪는 친구도 있다. 그렇다고 그가 보낸 세월이 무의미한 것은 아니다. 희생의 열매를 제대로 딸 수 있는 사람이 얼마나 될까. 눈에 보이는 성공은 아니지만 아들딸이 있어 우리는 열심히 살았다. 청춘은 내 몸에서 사라졌지만, 그 가버린 세월은 내 인생의 밑거름이고, 자식 속에 들어 있다.

결혼이 늦어, 아직 공부를 하는 두 아들 덕에 젊게 산다고 해야 할까. 그러면서 세상의 변화에도 둔감하던 내가, 동창이 보내준 한 권의 책을 들고 세월을 읽게 되었다.

2003. 5.

4부

신선 넝보기

한밤의 운전

자정을 앞둔 아파트 주차장은 깊은 물속처럼 가라앉아 있었다. 하루의 피로를 푸는 차들 위로 나트륨등이 따뜻하게 내려다본다. 비정적(非情的)인 형광등이 아닌 것이 얼마나 다행인가. 약간은 두렵기도 하고 불안하기도 한 내 마음이 좀은 안정이 되어 간다. 주차장 통로에 세워둔 차는 역시 출구를 향해 놓기를 잘 했다. 통로에까지 들어찬 차들 사이를 빠져 나가는 서투른 곡예를 하지 않아도 되겠다.

시동을 걸고 큰 숨을 한 번 들이 쉬었다. 훈련병이 첫 출전에 임하는 마음의 반쯤은 될까. 두 엄지손가락으로 눈 사이와 관자놀이 부분을 눌렀다. 정신이 한결 또렷해 오는 기분이다. 차의 시계는 10분 전 12시를 가리켰다. 저녁 먹으며, 아들을 데리러 가겠다는 내게 하던 남편의 말이 떠오른다. "밤운전 위험한데 학원차 타고 오라고 해, 하루 쉬든지."

두 손을 모았다. 처음으로 한밤중에 차를 모는 나를 굽어 살펴 주시기를….

다시 심호흡을 하고 전조등을 밝히며 핸들을 힘껏 잡았다. 아파트를 빠져 나오니 4차선 도로가 휑하니 뚫려 더욱 넓어 보인다. 다른 차들의 불빛이 방해하지 않아, 내가 새 길을 발견하여 미지의 도시에 처음 진입하는 것 같았다. 환상적인 느낌이 불안감을 씻어 주려는 순간, 바로 내 옆으로 쏜살같이 차 한 대가 지나갔다. 움찔하는 마음을 가라앉히자 집채 만한 화물차 하나가 신호를 받고 서 있는 나를 조롱하며 그냥 질주했다.

언젠가 텔레비전 뉴스 시간에 본 한밤의 무법자들이 나를 향해 달려올 것 같았다. 색맹인 것처럼 신호등의 붉은 빛도 아랑곳하지 않는 차들. 고속도로를 가듯 현기증 나게 달리는 모습. 낮의 시가지와는 달랐다. 쿵쾅거리며 심장 뛰는 소리가 들린다. "안전 운전이란 자기 차를 잘 모는 것뿐 아니라, 주위 차들에 대한 방어 운전까지 빈틈없이 하는 것을 말합니다." 연수받을 때 강사가 한 말을 되새기며 백밀러를 살펴보았다. 오토바이 한 대가 긴장감을 몰아왔다. 폭주족이 아니기를 빌었다.

남편 말을 들을 걸 그랬나. 아니야. 어깨를 폈다. "여자는 약하다, 그러나 어머니는 강하다." 하고 입 밖으로 중얼거리자 주문을 왼 것처럼 마음이 편해졌다. 두 시간 전에 간 길을 못 갈 게 뭐야. 배에 힘을 주었다.

내일 수학능력시험 모의고사를 처음 보는데, 아들은 자정에 끝나는 학원에 간다고 했다. 시험 전날은 충분히 자야 한다고 평소 생각했던 터지만, 모의고사에 학원을 빠지게 하고 싶지는 않아 보냈다. 그런데 학원차를 타고 오면 여기 저기 들러 오느라 6시간도 못 잘 것이란 생각이 들었다. 수능시험은 깊이 생각할 문제가 많다고 하던데, 내가 데려오면 30분 정도는 더 재울 수 있을 텐데, 하는 생각으로 일어섰다. 자다가 일어나면 온 밤을 뒤채고 밝히기 일쑤인 남편이 깰세라, 도둑 고양이마냥 현관을 나왔다.

그래도 목동 오거리는 준법지대였다. 횡단보도에 사람이 없어도 차들은 섰다. 그래, 다수의 선량한 국민 때문에 나라는 서 있을 수 있는 거야. 학원 간판이 시야에 들어오며 마음은 실로폰 소리를 냈다.

학원 옆 빌딩 입구에 한 무더기의 사람들이 웅성거리고 서 있다. 지하에 있는 단란주점에서 나온 취객들인 모양이다. 얼른 차문을 잠그고 반대편 상가 앞에 세웠다. 유흥가와 거리가 먼 아파트에서 10년 가까이 살아온 터라 나도 오랜만에 보는 광경이다. 옷차림으로 봐서 점잖은 사람들은 아닌 것 같다. 저 사람들이 내 차 앞으로 오면 어쩌나. 여자 혼자 있다고 시비를 걸지나 않을까. 차에 있는 등이란 등은 다 끄고 엔진 스위치도 잠가 버렸다. 아무 소리도 내지 않고 올빼미가 되어 학원 입구만 응시하고 있었다. 차 두 대가 겨우 지나갈 골목길이 너무나 좁게 느껴진다.

그 옛날 어머니는 어땠을까. 집에서 학교까지 그 길이 얼마나 멀게 느껴졌을까.

고등학교 입학시험을 치는 날이었다. 언제나처럼 어머니는 가게문을 여셨고, 나는 여느 때 등교하듯 수험 장소로 향했다. 아버지나 어머니와 함께 가는 학우들을 만나도 조금도 위축되지 않았다. 그런데 고사장에 들어가려는 순간, 가슴에 달아야 할 수험표가 없었다. 잊지 않으려고 일부러 챙겨서 따로 두었던 어제 일이 생각났다. 정신이 아득했다. 고사 감독관실로 갔다. "그런 멍청한 정신으로 시험을 치러 와?" 두꺼운 검은 테 안경을 쓴 감독관은 고함을 질렀다. 그런 실수를 하는 사람은 그 학교에 들어올 자격이 없다는 듯이. 크게 소리칠수록 위엄 있게 보인다고 생각한 모양이다. 가뜩이나 주눅 든 수험생의 심정 같은 것은 아랑곳하지 않았다. 지금 생각하면 너무도 상식 밖인 교사로 인해 얼마나 혼이 났던가. 하늘의 도움인지 1

교시 시험 중에는 수험표 검사가 없었다.

심장이 곤두박질하는 속에서 첫 시간 시험을 치고 나왔을 때, 온 얼굴 가득 근심과 미안함을 담고 벌렁거리는 가슴으로 가쁜 숨을 몰아쉬며 어머니가 서 계셨다. "괜찮나, 걱정 많이 했제." 당신이 애가 탔던 일은 잊고 내가 얼마나 놀랐을까 진정시켜 주셨다. 안도하며 당연한 듯 수험표를 받은 나는 지금까지, 얼마나 힘드셨던가 물어 보지도, 고맙다고 말하지도 않았다. 걸어서 40분이 걸리는 거리를 줄곧 뛰셨을 텐데. 사느라고 바빠서 챙겨 주지 못함을 후회하며 정신없이 달렸을 어머니. 둔덕진 길을 오르며 땀은 얼마나 흘렸을까.

학원 앞에 서 있던 학원봉고차의 엔진 소리가 밤의 고요를 깬다. 학생들이 두런두런 나오기 시작한다. 시동을 걸고 불을 밝혔다. 차를 발견한 아들의 걸음이 빨라지고, 피곤해 보이던 얼굴에 미소가 번진다. 역시 오기를 잘했구나, 밤 운전의 두려움이 사라졌다.

1995. 10.

집으로 가는 길

차(車)의 바다가 되어 버린 속초시를 빠져 나와 양양을 통과하는데 두 시간이 걸렸다. 가는 시간보다 서 있는 시간이 더 긴 주행이다. 양구 쪽으로 가는 게 나을 것이란 내 앞 청년의 말을 묵살한 운전기사는, "허허, 한 시간 전하고 이렇게 다르다니." 얼버무렸다. 하기는 그 쪽도 알 수 없는 노릇이다.

버스가 속도를 내기 시작하자 한계령과 구룡령의 갈림 팻말이 저만치 보였다. 잠시 생각하던 운전기사는, "둘러 가도 막히지 않는 쪽이 낫겠지요." 하면서 구룡령 쪽으로 핸들을 돌렸다. 많은 차들이 한계령을 향해서 가는데 우리 차의 선택이 옳은지 알 수 없다. 지금까지 오면서 큰 길이 복잡하면 옆길로, 샛길로 빠졌는데, 그 쪽 역시 답답하게 기다렸던 터라 길라잡이를 제대로 만났는지 의심스럽기도 하다. 그러나 45명이나 되는 승객의 여정을 임의로 정한 기사는, 그것이 가장 현명한 결정이라고 생각하는 듯 자랑스럽게 자신의 경험담을 늘어놓는다.

차는 잘 달려 주었다. 얼마를 돌아갈지 결국 어느 쪽이 빠를지는 알 수 없지만, 긴 차의 행렬 속에 지치도록 기다리지 않아도 좋다는 것은 참으로 다행이었다. 우리 가족이 탈 비행기가 결항이라고 했을 때, 기다려도 다음 비행기 어디에도 좌석이 없다고 했을 때, 처음에는 고도에 버려진 기분이었다. 고속버스를 탈 수밖에 없다는 결론에, 텔레비전으로 보던 끝이 안 보이게 이어진 차의 물결을 떠올리며 아찔했다. 그런데 이만하면 산천도 구경하고 괜찮다는 느낌이 왔다.

고갯마루에 올라서며 내려다본 운무 속 골짜기의 절경은, 인간 세상이 아닌 선계(仙界)로 인도하는 듯했다. 굽이굽이 모롱이를 돌면서, '구절양장(九折羊腸)이 물보다 어렵다.'하던 옛사람이 생각났다. 배에 의지하여 장사하던 사람이 풍랑이 무서워 배를 팔아 말을 샀는데, 양의 창자처럼 구불구불하고 험한 산길이 너무 힘들어 한탄했다고 한다. 새삼 이 넓고 튼튼한 길을 만든 사람들이 무척 고마웠다.

"태초에 길이 있었다."는 성서의 말처럼 인간 이전에 길이 있었을까. 사람들이 다니기를 원해서 생긴 것이란 말이 내겐 더 쉽게 와 닿는다. 한두 사람으로 비롯하여 오솔길이 생기고, 우마차로 인해 넓혀지고, 편리를 도모하는 인간의 지혜로 차도가 생겼으리라. 세상에는 많은 길이 있다. 골목길, 큰길, 아스팔트길, 황톳길, 산길, 논두렁길, 찻길, 기찻길, 하늘길, 바닷길…. 새로운 길이 하나씩 열리면서 삶은 복잡해졌고 세계는 더 넓어졌다. 또한 생활의 폭이 커지면서 새 길이 만들어지기도 했다.

초등학교 가기 전에는 집 앞 골목에서만 놀았다. 골목 끝에서 만난 신작로는 가끔 제사 지내러 가던 큰집을 향해 열려 있었다. 초등학교에 다닐 때는 더 많은 길을 알게 되었다. 그 길 중에는 만지면 잎이 오그라지는 식물을 밖에 내놓은 꽃집도 있고, 신기한 구경거리였던 검도장도 있었다. 또 다리가 아프도록 걸어야 하는 먼지 풀썩이던 소풍길도 만났고, 좀 더 자라서는 도서관, 영화관이 있는 길도 다녔다.

어둡기 전에 산자락을 벗어나야 한다며, 쉬지 않고 네 시간을 달리고야 휴게소에 멈췄다. 지치고 웅크러진 온 몸의 세포들이 반란 직전에 있다가 버스를 내렸다. 그 때,

"속초에서 3시 20분에 출발한 ○○고속 손님 승차하십시오 출발하겠습니다."

안내원의 방송이 들렸다.

"그럼, 우리 버스가 더 늦었잖아." 막내도 들은 모양이다.

속초 고속버스 터미널에 도착했을 때, 세 시간 후인 3시 20분 발 버스표를 팔고 있었다. 그 동안 어디서 시간을 보내야 하나, 그 사이에 길은 얼마나 더 막힐까. 하는 생각으로 심란한데, "30분 후에 출발하는 서울행 버스 있습니다."하고 호객하는 소리가 들렸다. 막히는 고속도로가 아닌 국도로 갈 것이며, 빨리 떠난다는 말에, 불법 운행에서 오는 불안을 누르고 표를 샀다. 그러나 막 출발하려는 순간, 경찰이 운전기사를 연행했다. 아까운 시간이 한 시간이나 흐르고, 다시 주선해 준 버스에 옮겨 타고 왔는데, 그 3시 20분 차가 앞서 온 것이다.

먼저 떠나면 더 일찍 도착할 것이란 단순한 생각은 빗나갔다. 요금을 두 배로 준 것도 그렇지만, 애쓴 결과가 전혀 없다는 사실이 허탈했다. 그 상황에서는 최선의 결정이라고 생각했다. 합법적인 버스를 타지 않은 자신을 탓하지 못하는 것처럼, 구룡령을 택한 기사도 나무랄 수는 없다. 초입에 서서 초능력자가 아니고서야 누가 알겠는가. 삶에 있어서도, 고생길이라고 생각한 일이 쉽게 풀릴 수도 있고, 화려한 미래가 예견되는 탄탄대로라고 시작한 일이 의외의 복병을 만나기도 한다.

휴게소 안은 요기를 하려는 사람으로 아우성이다. 먹을거리는 다양했다. 끊임없이 주어지는 길 중에 오늘 내가 가는 길이 가장 멋지다는 믿음으로 김밥을 살 것인가 만두를 집을까 정해야겠다. 땅거미 내린 국도를 달려서 서울의 불빛 속으로 들어가는 시각은, 우리 버스가 빠를 수도 있을 것이다. 아직도 집으로 가는 길은 멀다. 가로수의 경호를 받으며 뻗은 도로는 끝이 보이지 않는다. 우리들 저마다의 길처럼.

1996. 8.

버스를 타고

버스를 타러 간다. 여의도에 있는 문화센터에 가는 길이다. 오랜만에 황사도 없고 비온 후의 쾌청한 날씨라 운전하기에는 더없이 좋지만, 주저하지 않고 정류장을 향한다. 이런 날은 또 볼거리도 많겠지 하면서.

지난 겨울의 막바지 무렵, 새벽녘에 내린 눈이 아파트 주차장을 포근하게 만들었다. 올 겨울의 마지막일지도 모른다고 생각하며 마음에 담듯 내려다보았다. 등굣길의 아이들은 그저 여느 날처럼 걷기만 한다. 학업에 시달려 눈을 즐길 여유가 없는 것일까. 오후에 기온이 오른다는 예보 때문인지 차들도 하나 둘 빠져 나간다. 큰 길은 제설작업으로 치워졌을 것이다.

'차를 몰고 갈까. 어젯밤 잠도 설쳤는데 버스를 타는 게 안전할 거야.'

15분 정도 일찍 서둘러 집을 나섰다. 출근 시간이 지나서 버스 안은 몇 안 되는 승객이 한 사람씩 앉아 있다. 나도 옆 좌석까지 빈 곳을 찾아 편안한 마음으로 앉았다. 승용차와 택시들이 저만치 아래에서 달린다. 대형 차창으로 탁 트인 시야가 시원하다. 앙상한 가지마다 설화가 만발했다. 느지막이 떠오른 태양으로 꽃송이는 눈이 부시고, 겨우내 빛을 잃었던 가로수는 거리를 꿈길처럼 만들었다. 근린공원의 은빛 설경은 한 폭의 그림이다. 방금 지나온 샛강을 돌아본다. 눈 덮인 둔덕을 보면서 어딘가 여행을 하고 있다는 착각이 들기도 했다. 차를 갖고 나왔으면 안전 운행에 마음 졸이느라 이 멋진 광경을 놓쳤을 것이다.

그 날 이후, 수필반에 갈 때 시간에 쫓기지 않으면 곧잘 버스를 탄다. 무엇보다 운전에 대한 부담감이 없어 좋다. 목동에서 그리 멀지도 않고 차가 많이 밀리지도 않아 적당히 유람하는 기분도 낼 수 있다. 뻥튀기 과자를 그야말로 산더미처럼 쌓아서 싣고 가는 조그만 화물차를 보고 놀란다. 최근에 보기 드물어진, 살림살이가 다 노출된 초라한 이삿짐을 보고 결혼초를 떠올려 본다. 아파트 베란다에서 쇠창살 사이로 손을 내밀고 소리치는 아기를 보며, 장난감이나 숟가락, 포크 같은 것을 수없이 베란다 밖으로 던지던 막내를 생각하고 미소 짓는다. 미처 읽지 못한, 그날 공부할 작품을 읽기도 한다. 계절을 잊지 않고 돋아나는 앙증맞은 나뭇잎이나, 제각각의 멋을 가진 꽃들도 눈여겨본다.

20여 년 전, 서울살이를 시작할 때 언니네가 사는 풍납동에서 첫 근무지인 응암동까지 1시간 30분씩 버스를 타고 출근했다. 3월 초의 삭막한 벌판을 건너, 밤을 스쳐 온 바람을 맞으며 차를 탄다. 요즈음 같으면 '가다 서고'를 되풀이 하겠지만, 신호대기와 승하차 때 외에는 멈춤 없이 광화문까지 달렸다. 거기서 수색으로 가는 차를 갈아타는 불편은 있었지만 거의 종점에서 종점으로 가는 길이라 그리 고달프지 않았다.

고향에 사는 친구에게 서울시를 횡단하는 '출퇴근 여행'에 대해 이야기하며 함께 웃었다. 물을 좋아하는 내게는 한강을 건너다니는 것도 버스 타는 즐거움의 하나였다. 차창 밖으로 보이는 낯선 시가지와 눈에 띄는 건물들을 새겨 보고 차츰 길을 익힐 수 있었던 것도 버스 안이었다. 시외를 나갈 때도 기차 아니면 버스를 탔다. 때로 불편함은 있어도 원하던 여행길이 짜증나는 고생길이 된 적은 없었다.

전 국민이 자가용을 갖는 시대가 온다고 정부가 청사진을 내 보일 때, 독재를 호도하기 위한 전시용이라고 생각했다. 그러다가 80년대 후반부터 꿈같던 일이 현실로 다가오더니, 우리

차를 갖는다는 흥분은 잠시뿐, 90년대 중반을 넘으면서 차를 타는 즐거움을 잃어 갔다. 집을 장만하기 전에 차부터 마련한다는 의식이 확산되고, '나홀로 차량'이 도로에 넘치며, 온 거리를 숨막히도록 만들었다.

운전에 능숙하지 못하고, 기다림에 지치는 것도 싫어서 도심을 통과한다든지 먼 길을 갈 때는 어쩔 수 없이 지하철을 이용한다. 그러나 깜깜한 땅밑을, 잠에 취했거나 무표정한 얼굴들을 보며 가야 하는 것은 간맞지 않는 음식을 먹는 것처럼 내키지 않는다. 도시 미관을 위해, 좋은 환경 조성을 위해 가꾸어진 시가지는 보지도 못하고, 목적지를 향해 어두운 굴속을 빠져나갈 뿐이다.

대도시에서 밝은 대낮에 바람을 일으키며 달리는 일은, 이제 꿈이다. 길게 꼬리를 잇는 자동차 행렬은 우리의 마음에서 넉넉함을 앗아 갔다. 골목길이 주차장이 되면서 이웃을 잃게 되었다. 집 앞에서 타고 내리며 언제 어디고 뜻대로 갈 수 있는 편리함, 푹신한 좌석의 안락함, 가족이나 혼자만의 오붓함, 이런 것들은 많은 대가를 지불해야 했다. 오늘의 우리는 불편한 세상을 산 옛날 사람들보다 행복한 것일까.

버스는 벌써 노들교 위에 올라섰다. 청록색으로 빛나는 KBS홀의 모습이 멀리 보이는 관악산을 배경으로 돋보인다. 운중로

(路)는 벚나무의 환상적인 꽃그늘을 거두고 신록으로 물들어 간다. 40분 간의 여의도행이 아쉬운 대로 버스 시대에 대한 향수를 달래 주었다.

2004. 5.

6년 세월의 의미

도로 양쪽으로 심어진 플라타너스가 잎들을 떨어내고 있다. '진홍색 산수유 열매가 가을을 머금고 왔다'고 생각한 것이 얼마 되지 않았는데, 어느새 가을이 가려고 한다. 먼저 단풍드는 은행이나 다른 꽃나무에 비해 늦는 그것들이 길 위를 뒹굴 때는 가을의 아름다움보다는 쓸쓸함이 느껴진다.

"내일부터는 안 태워 줘도 돼요. 엄마 이제 편하게 됐지?"

"그래, 그러고 보니 이 길을 6년이나 다녔구나. 참, 세월도 빠르다."

"고마워 엄마."

기분이 괜찮을 때는 인사를 하고 내리는 막내다. 학업에 옅중하지 않는 일로 내 마음을 상하게 하는 자신을 아는 녀석이다. "넌 시간이 넉넉한데 걸어가렴." 가끔씩 고3 같지 않은 애를 나무라며 운전하기를 거절하곤 했다. 그리고는, 두말없이 바람처럼 나가는 애가 늦지나 않을까 마음을 졸였다.

이틀 후면 3년의 고교시절, 아니 초등학교와 중학교를 합친 12년의 배움을 총결산하는 수능시험을 본다. 내일은 수험표를 받아들고 고사장을 확인하러 갈 것이다. 아침 보충 수업은 오늘이 마지막이라 등굣길 운전도 끝인 셈이다.

큰애가 졸업한 학교를 작은애가 또 다녀서 6년 동안 두 애를 실어 날랐다. 건강을 생각하면 당연히 걸어야 할, 30분이 채 안 되는 거리다. 공부에 대한 의욕만큼 체력이 따라 주지 않아 곧잘 아프던 큰애 때문에 시작된 일이다. 하얀 종이새가 수없이 매달린 것 같은 목련이 눈부셔도, 노란 은행나무의 행렬이 눈물겹도록 아름다워도, 아들은 늘 차 시트에 머리를 기대고 눈을 감고 있었다. 황금 같은 청춘을 그저 입시에 매달린 이 땅의 아이들이 안쓰럽다고 생각했다.

고등학생이 되어서도 잠잘 것 다 자던 막내는, 공부는 하지 않아도 늦게 자고 꾸물대기 일쑤여서 태워 주기를 바랐다. 그 애는 차안에서 곧잘 노래를 흥얼거렸다. "엄마, 천천히 가. 1차선 1차선, 응 지금 들어가. 위험해, 엄마 운전면허 딴 거 맞아?" 내 운전에 훈수를 두는 일도 잊지 않았다. "한 해만 모든 것 접고 공부만 해. 그러면 오래 웃을 수 있어." 달래도 다그쳐도

듣지 않던 녀석은 겨우 20일 전부터 공부하는 모습이 달라졌다. 마치 학기말 시험을 앞두고 며칠 바짝 책상에 붙어 앉는, 당일치기하는 아이처럼. 조금만 더 일찍 철이 들었으면 하고 안타까워했다.

그 동안 나는 두 번의 접촉사고를 냈다.

한 번은 아파트 단지 안에서, 차를 빼려고 후진하다가 내 차 앞을 비스듬히 막고 있던 차를 박았다. 어째서 그 차를 보지 못했는지 이해가 가지 않는 실수였다. 아들이 내려오기 전에 미리 준비를 해서 빨리 가려다가 일을 그르친 것이다.

또 한 번은 학교 앞에 아이를 내려놓고 막 출발을 하려는데, 다른 차가 와서 차 옆구리를 부딪치며 섰다. "미안해요. 어떤 차가 내 차를 박을 듯이 따라와서 너무 무서웠어요." 딸아이를 태우고 온 엄마였다. 그의 말을 미뤄보면, 급하게 오느라 무리하게 끼어들기를 해서 위험을 느꼈던 뒤차가 심술을 부린 것 같았다. 나도 어쩌다 그런 일을 저지를 때가 있었는데 다행히 뒷사람을 잘 만나서 손을 들어 주는 일로 무마가 되었었다. 이런 걸 두고 '자식 위해 모진 업 짓는다'고 하나 보다.

부모님이 어디에 가신다면 매일 그렇게 태워드릴 수 있을까. 허둥지둥 보낸 아침 시간이다. 식탁을 봐 놓고 도시락을 챙기고 학교를 갔다 오면 남편은 혼자 먹고 있거나, 출근을 한 후다. 큰애 때는 더 정신없이 보낸 세월이다. 도시락 수도 많았고 저녁밥도 해서 가져갔으니까. 어른보다는 아이들 위주의 식단이었다. 누군가 그랬다. 전생에 빚쟁이가 자식이 된다고, 그래서 끊임없이 줘야 한다고.

막내와는 꽤나 티격태격하며 지냈다. 집에 와서 바깥 얘기를 잘 하는 편이라, 뜻밖의 행동이나 학업에 태만한 일을 알게 되는 것이 원인이 되었다. 내게 하고 싶은 말을 다 하고 스트레스를 푸는 아이의 성격 때문에 나는 또 스트레스를 받곤 했다. 그래도, "형 같은 모범생을 기대하지 마세요." 하며 가슴 서늘한 선언을 하던 녀석이 다른 걱정시키지 않고 고교시절을 마무리하게 되어 다행이다.

칼릴 지브란의 "그대들은 자식들에게 사랑은 줄 수 있으나, 그대들의 생각까지 줄 수는 없다."고 한 말이 새삼 떠오른다. 눈앞의 시험에도 연연하지 않던 작은애는 무슨 생각을 하는가. 지브란의 말처럼 아이들의 영혼이 내일의 집에 살고 있으므로 알 수 없는 것일까.

좁은 길가에 떨어졌던 황갈색의 플라타너스 잎들이 바람에 실려 상가 앞 공터로 굴러간다. 나목이 된 은행나무처럼 언젠가는 잎을 모두 떨쳐내고 빈 가지만 겨울을 날 것이다. 성숙한 자식들을 저마다의 길로 보내 버린 부모도 그렇게 남겠지. 아직 그들 때문에 화를 낼 수 있고, 시험 당일 날의 도시락 반찬을 위해 애써 머리를 굴려야 하는 지금이 행복한지도 모른다.

2000. 11.

이렇게 가시다니요

—김태길 선생님 영전에

선생님의 구순 기념 문집에 들어갈 원고 부탁을 받아 축하 인사를 준비하고 있었습니다. 그런데 이 웬 벼락입니까. 아직은 더 저희 곁에 계시리란 생각으로 무심했는데 이처럼 황망히 가시다니요. 언론에 한 번쯤 '김태길 선생님 병환으로 입원', 이런 기사 한 줄이라도 났었다면 이처럼 허망하지는 않을 것입니다. 병실 가까이 어느 모퉁이에서 안타까운 맘으로 서성거리기라도 해 보았다면 이렇게 섭섭하지는 않을 것입니다.

지난해 잡지 교정을 보고 있을 때 수고한다며 손을 내미시던 모습이 저에겐 마지막이었습니다. 허리가 좀 굽어서 내심 놀라고 걱정스러웠지만 이런 염려는 꿈에도 하지 않았습니다. 속으로 그랬습니다. 친정어머님은 키 작고 배가 나와서 괜찮은데, 그 큰 키에 마르고 뱃집이 없어 허리가 기우는 모양이라고,

뱃살도 때론 필요한가 보다고. 적지 않은 연세인데도 언제나 꼿꼿한 모습으로 자리를 지켜주셔서 아흔을 넘기고도 한참 더 사실 것 같았습니다. 그건 어리석은 저의 바람이기도 했습니다. 게으름의 소치로 아직 제 작품집을 엮지 못했는데, 그때 먼저 찾아가 올리고 싶어서….

1999년 ≪계간수필≫ 겨울 호로 등단하면서 저는 두 가지 기쁨을 얻었습니다. 수필계에서 가장 엄정한 관문을 통과한 사실과 고명하신 선생님을 지근에서 뵐 수 있음이었습니다. 부족한 제 글을 좋아하며 결정을 내려주셨다는 얘기 듣고 얼마나 뿌듯하고 행복했는지 모릅니다. 새가 알을 깨고 나올 때의 기쁨이 그만할까요?

자주는 못 뵈었지만 멀리서 알던 선생님은 가까이에서도 우러르고 싶은 분이셨습니다. 철학계의 태두로 알려져 근엄한 분인가 했는데 유머도 뛰어난 멋쟁이셨습니다. 만날 때마다 악수를 먼저 청해 오셔서 황감한 마음으로 손을 맞잡곤 했지요. 모임에서 재미난 얘기나, 작사와 편곡을 해서 세상에 딱 하나밖에 없는 노래를 하시는 선생님에게 놀람과 찬사를 보내곤 했습니다. 세인의 존경을 받는 큰 학자의 모습 속에 감춰진 인간적 멋은 어디서 나올까 궁금했습니다.

등단하고서 좋은 글을 쓰지 못해 죄송한 마음으로, 연말이면 연하장을 올렸는데 꼭 손수 카드를 써서 보내주셨습니다. 떨리는 글씨가 안쓰러워 답을 하지 않아도 된다고 미리 추신을 드려도 '건필하세요', '수필의 글을 가꾸는 것과 인품을 가꾸는 일 사이에는 밀접한 상관관계가 있어요.' 이런 글귀들을 주셨습니다. 연초에 회답이 없어 이젠 힘이 드시나 보다 짐작했지만 특별히 편찮은 데가 없다는 소식듣고 마음을 놓고 있었습니다. 그래도 마지막 가시는 길이 참으로 편안했다는 따님의 말에 위안을 받았습니다.

"철학과 문학은 '인간정신'이라는 같은 뿌리에서 파생한 두 갈래 산물이다."라고 말씀하시는 선생님 수필에서는 참다운 삶에 대한 성찰을 느낍니다.

"인생이라는 여로는 하나의 종착지에 빨리 도달하는 것을 목표로 삼는 속도 여행이 아니라, 이곳저곳 돌아보며 견문을 넓히는 관광여행이다. 우리가 현재 확실히 가지고 있는 것은 오늘뿐이며, 오늘은 내일을 위한 수단이 아니라 그 자체가 목적이다."

그러면서도 '~그것만으로도 나는 선녀의 옷을 얻은 나무꾼처럼 기뻤다.' '비바람에 마멸된 화산석과 이웃하여 다소곳이 피어 있는 작은 꽃들이 숨어서 좋은 일하는 착한 사람처럼 고맙다.' 같은 문장에서는 자연스럽고 편안하면서도 문학적 향기가 있습니다.

선생님은 "수필은 문장으로 그린 자화상이다."라고 하셨습니다. 자아가 풍부하고 그것을 그리는 문장이 우수하면 좋은 수필이라고 일러 주셨습니다. 그런 수필을 쓰는 일이 쉬운 일이 아니라는 것을 알고 있지만 선생님의 가르침대로 노력해 보겠습니다. 아울러 인품을 가꾸는 데도 애쓰겠습니다. 그것이 수필 문단에 발을 들이는 것을 허락하신 선생님에 대한 도리이겠지요.

선생님의 큰 그늘 아래 있다는 사실이 자랑스러웠고 든든했습니다. 어디서든 떳떳했고 자신감을 가질 수 있었습니다. 이는 저뿐 아니라 계간수필추천작가 모두의 일치된 생각입니다. 기댈 언덕이 사라진 지금, 저희의 심정은 비바람 몰아치는 황야에 홀로 선 기분입니다. 하지만 앞으로는 선생님이 일궈 놓으신 기름진 밭에서 튼실한 열매를 맺도록 힘써야겠지요.

9년 전 5월, 친정아버님을 선산에 모시고 돌아오던 길옆이 온통 넝쿨장미였습니다. 이제 또 꽃의 여왕이 눈부신 날, 아버지처럼 느꼈던 한 어른을 여의었습니다. 담장 너머 줄장미가 피어나면 또 한 분 그리운 이를 생각하게 될 것입니다.

2009. 6.

신선 넘보기

새벽 예불을 마칠 때 한둘 떨어지던 빗방울이 날이 밝으며 기어이 빗줄기가 되었다. 무겁게 가라앉은 하늘이 쉬 들 것 같지도 않다. 여기저기서 두런두런 하산을 염려한다. 12시까지만 내려오면 되니 천천히, 조심하라는 리더의 당부다. 등산을 계획했다가도 비 온다는 예보만 있으면 청개구리 비 겁내듯 두려워하며 취소했는데 빗길이 자못 걱정스럽다. 바위로만 된 깔딱고개를 내려가야 하는데…. 숨차서 오르기 어렵다 해도 위험하긴 내리막길이 더 심할 텐데….

'신선이 무애 걱정이냐. 동으로 훌쩍 서로 번쩍 비를 피해 내려오면 되지!'

'맞아, 난 신선인데 웬 걱정이람.'

밥 한 술 넣은 미역국과 오이 무침 세 조각을 요기로 하고 비옷을 입는다. 몸과 배낭을 덮어씌운 커다란 자루 같은 우의.

'어, 그러고 보니 옷도 이제 신선을 닮아가네.'

6시 30분, 1224미터 고지에 있는 봉정암을 뒤로하고 비닐 도포자락을 휘날리며 비를 가르기 시작한다.

부처님 진신사리를 갖고 중국에서 돌아온 자장율사가 봉황새가 인도한 대로 따라 온 곳이 바로 대청봉 아래 여기란다. 봉황이 숨어버린 바위 꼭대기, 봉황새의 이마에 지어진 암자라서 봉정암(鳳頂庵)이란 이름을 얻었단다. 석가모니의 뇌 사리를 봉안한 탑이 있는 곳. 우리나라 다섯 개의 적멸보궁 중에 가장 높은 데 세워진, 그곳에 가는 것만도 수행이 된다는, 불교 신도라면 한 번은 꼭 와야 한다는 이곳을 나는 재작년 처음 왔었다.

부실한 허리 때문에, 다리가 아파서, 이러저러한 이유로 가까이 지내는 신도들이 갈 때는 아쉬워하다가, 설악의 단풍은 이제 언론의 관심에서 사라진 10월도 반이 가버린 무렵 나는 용기를 내었다. 아는 이가 아무도 없는 산행 버스에 동승을 해버린 것이다.

백담사에서 점심공양을 마치고 등산화의 끈을 고쳐 매며 10.6킬로미터의 산행길에 올랐다. 아아, 산 속에는 황홀한 잔치가 벌어지고 있었다. 초록, 연두, 노랑, 연갈색, 갈색, 다홍,

주황 그리고, 표현할 수 없는 오묘한 색채가 자신을 드러내고 있었다.

깊은 골짜기는 가도 가도 끝이 없었다. 수렴동 계곡이라 이름하는 곳에서 난 숨을 멈추고 섰다. 거울보다 맑은 물이 바로 이런 것이구나. 가지각색 단풍으로 치장한 기암괴석의 산이 물속에도 잠겨 있는 것이 아닌가. “아이야, 나는 오늘 신선이 되었다.” 할 수 있는 말은 그뿐이었다. 그래 여긴 인간이 사는 데가 아니야. 생명을 함부로 죽이고 멋대로 환경을 파괴하는 저 잘난 멋에 사는 족속이 살 수 있는 곳이 아니야. 금빛으로 부서지는 물결, 한없이 마시고 싶은 달콤한 공기, 창공을 흔드는 맑은 새소리, 모두가 현실 세계가 아니었다. 나는 이 자리에 있을 자격이 있는 것인가 죄 많은 같은 종족인데. 경외감을 불러일으키는 비경(秘景) 속에서 산신에게 부처님께 두 손을 모았다, 고맙다고.

목적지에 도착해서는 납덩이를 매달아 놓은 것 같은 허리 때문에 기도도 제대로 못했지만, 날이 지날수록 나는 또 신선이 되고 싶어 안달이 났다. 그리운 이를 두고 온 것처럼 보채는 마음을 이기지 못해 어제 두 번째 봉정행을 감행한 것이다.

올핸 비교적 몸 상태가 괜찮아 도반들을 따라 나섰다. 산행에 오른 시각이 10시 30분. 늦가을에 갔던 저번보다 교통편이

나아져 두 시간 반이 당겨진 셈이니, 호쾌한 출발이었다. 오월 말의 설악은 푸른 생명의 기운이 넘쳤다. 나무들은 하늘에 닿을 듯 뻗은 채 좁은 길만 남기고 빼곡했다. 이번이 일곱 번째 온다는 일행과 주절거리며 초록터널을 걷는데 40분을 걸었을까 다리에 이상 신호가 왔다. 오른쪽 장딴지가 당기는 조짐이 온 것이다. 어쩌나, 가슴이 철렁했다. 이제 시작인데…. 첫 번째에 다섯 시간 반이 걸렸으니, 길이 더 좋아졌다고 해도 얼마나 단축되랴. 3년 전 도봉산 등산 때 이런 증상을 무시하고 일행들과 보조를 맞추었다가 오래 고생했던 기억이 났다. 동행을 먼저 보내고 잠깐 쉬기로 했다.

'신선이 아무나 되는 줄 알아! 여기는 선계(仙界)로 가는 길목이야.' 어디선가 훈계하는 소리가 들리는 듯 했다. 그래 한번 왔었다고 조심성 없이 까불었어. "여덟 시간을 오르고 죽다 살았어." "빨라도 여섯 시간은 가야할 걸." 선배들의 한 마디에, 히말라야라도 오르듯 마음무장을 했던 그땐 혼자서 가이드 말대로 30분을 걷고 쉬며 내 페이스대로 올랐다. 오늘은 덜렁대며 베테랑과 보속을 맞췄으니 탈이 날밖에. 초심으로 돌아가라 했던가. 10분쯤 걷다가 종아리가 당기면 다리를 바위에 올리고 스트레칭을 하는 고행이 시작되었다. 여기서 돌아설 수는 없다는 그 한 마음으로.

2년 전 나를 신선으로 만들었던 수렴동계곡을 지나고, 내설악의 진수를 보여주는 구곡동계곡으로 들어섰다. 아픈 다리를 달래가면서 3단 폭포까지 왔다. '창그랑' 소리가 날 것 같은 진파랑색 하늘은 넓게 열려 있고 산 정상쪽으로 뭉게구름이 선명하다. 서울 근교 산에선 볼 수 없는 하늘이다. 병풍처럼 둘러있는 갖가지 모양의 암석, 그들을 빛내주는 소나무 또 무슨 무슨 나무들. 아래쪽에서는 녹음이더니 윤기가 흐르는 연두색 잎들이 갓 피어나는 소녀마냥 탐스럽다. 모두 선계의 식구들이다.

폭포는 물이 흰색이라 가르친다. 그 아래 물이 떨어지는 곳에서는 투명하고 색깔이 없다고 말한다. 그 물이 모인 소는 눈부신 에메랄드빛이다. 물이 보석이 된다. 햇볕에 보송하게 마른 너럭바위에 앉아 발을 씻는다. 속세에서 묻어온 티끌도 씻겨지는 것 같다. 환희심이 솟는다. 폭포를 따라 가파르게 만들어진 계단을 오른다. 까마득하다. 휴우우! 선인(仙人)이 되고 싶어 참는다.

마지막 관문 깔딱고개는 네 발로 올라야 한다. 긴장과 땀으로 범벅이 되어서 왼쪽으로 꺾어 사자바위에 오른다. 목적지를 200미터 남겨두고 신선놀음에 젖어 본다. 처음 올 땐 늦가을이라 이미 어둑해서 조망을 못했었다. 사자의 입 앞 바위에 겁도 없이 앉았다. 수려한 설악을 내려다본다. 멀리 중청 소청봉이 겹겹이 펼쳐져 백두대간 어디에 있다는 실감이 났다. 악산(岳山), 산 전체가 거대한 바위인 신령스런 산. 군데군데 침엽수와 활엽수들이 채도가 다른 녹색 잎으로 흰 바위와 조화를 이루고 있다. 골짜기를 거슬러 올라온 선들바람이 등줄기와 이마의 땀을 씻어 간다. 폐부 깊이 산정기를 마셨다. 오장육부가 새로 태어났다. 바둑이라도 한판 둔다면 더 신선다울까. 근데 암자에서 목탁소리가 어서 오라고 손짓했다.

빗줄기는 더 굵어지고 우장 속의 옷들은 땀으로 비로 흠뻑 젖었다. 앞도 뒤도 아니 보고 발만 내려다보고 걷는다. 깎아지른 돌비탈길을 다 내려와서야 하루살이 신선들은 말문을 연다. 이제는 아무리 비가 내리쳐도 걱정이 없다는 둥. 도포자락 아래 바지가 무겁다는 둥. 안도의 숨을 쉬며 내려온 산을 돌아본다. 군데군데 운무에 가려진 산은 신비에 싸여, 그 속에서 나온 우린 정말 선인인 듯하다.

오곡은 먹지도 않고 바람을 들이키고 이슬을 마시며 살고, 구름기운을 타고 신변자재(神變自在)하여 장생불사한다는 존재, 신선. 옛날엔 삶이 힘들어서일까 그에 대한 이야기가 많았다. 신선처럼 생겼다든가, 신선처럼 살다 갔다든가. 자유로운 삶을 구가하다 어느 날 홀연히 사라진 조선말의 화가 장승업은 신선도를 많이 그렸다. 고종에게 진상했다는 <춘남극노인>이란 작품이 있다. 인간의 수명을 기록한 두루마리를 들고 소나무에 걸터앉은 신선은, 세상에 어려울 것이 없다는 약간 개구진 표정이면서도 즐거워 보이는 모습이 참으로 인상적이었다. 세상의 범사에 얽매이지 않으면 그렇게 될 수 있을까.

선도를 닮은 적도, 천도복숭아를 먹은 적도 없어 불로장생 같은 것은 꿈도 꾸지 않지만 선경 속에 이틀을 보냈으니 몇 년은 수명이 길어졌을까. 아니 그도 바라지 않고 춘남극노인처럼, 그런 얼굴로 살 수 있다면 무얼 더 바랄까. 어 그러고 보니 어제부터 화를 낸 적도 슬퍼한 적도 없으니 천만분의 일 정도는 되었지 싶다. 신선은 봉정암 부처님 덕에 저절로 되었으니 하루살이일망정 연례행사로 해 볼까.

2007. 5.

내가 살고 싶은 이유

지하철 노조의 파업이 일단락되기 무섭게, 항만 노조, 병원 노조의 파업이 잇따를 것이란 예고가 있습니다. 빚에 쪼들린 사람의 납치강도 행각, 거액의 카드빚을 진 아들 때문에 자살하는 아버지가 생기더니 급기야는 빚 때문에 남매를 죽이고 스스로 목숨을 끊으려던 빗나간 부성(父性)의 남자가 나타났습니다. 연거푸 뉴스 시간을 장식하는 악성 사건들을 보면서 이 잿빛 세상은 언제까지인가, 삶 자체가 고(苦)라는 설은 진리인가. 우울한 생각을 하다가 그래도 살아가면서 기쁘고 행복한 순간들도 참으로 많다는 생각이 들었습니다. 내 삶에서 흐뭇했고 감동받은 일들을 찾아보는 일은 한결 살아가는 일을 덜 지치고 덜 힘들게 하겠지요.

1

훌라후프를 돌리다가 손이 부딪혀서 오른손 중지와 약지를 다쳤습니다. 삔 두 손가락을 치료하느라 병원으로 한의원으로 매일 다녀도 좀체 차도가 없습니다. 뼈를 다친 것이 아니라 불행 중 다행이었지만, 굽어지지 않는 손으로 제대로 할 수 있는 일이 없습니다. 한 달 이상 불편했던 손이, 정말 낫기나 하는 걸까 불안감을 주던 손이 완전히 정상으로 돌아온 날, 그건 기쁨을 넘어서 감격이었습니다.

2

천상병의 시, “이 세상 소풍 끝내는 날 아름다웠다고 말하리라.” 그 한 구절을 보고 그의 시집을 샀습니다. “나는 자꾸 마셨다, 술은 비처럼 몸 안으로 스몄다. 사직은 종묘 제단 위에 있었고 조정은 어디에도 없었다.” “종은 누가 그걸 울리기 전에는 종이 아니다. 노래는 누가 그걸 부르기 전에는 노래가 아니다. 사랑은 주기 전에는 사랑이 아니다.” 시 한 편 소설 한 대목에서, 누군가의 수필 한 문장에서 참으로 공감하는 부분에 밑줄을 긋는 순간도 가슴 뿌듯합니다.

3

50고개도 중간쯤 넘은 내가, "엄마, 별 일 없지요, 이번 주말에 엄마 보러 갈 거예요."라고 말할 수 있게 엄마가 살아 계시다는 것 또한 내겐 큰 행복입니다. 그 엄만 아직도, "계단을 내려갈 땐 딴 데 보지 말고 밑만 보고 걸어라." 곧잘 허둥대는 내게 따뜻한 잔소리를 합니다.

4

막내아들은 눈치가 빠릅니다. 내가 혼자 계신 어머니 생각을 하는가 싶으면, "엄마, 할머니한테 전화해 드려." 합니다. 집안일에 피곤해 보이면, 텔레비전을 계속 보면서도 "설거지는 제가 할 거예요 쉬세요."라고 말합니다. 내가 그냥 해버리고 나면 "어, 언제 다했어, 그럼 허리 주물러 줄께." 하고 누우라 합니다. 그때도 마음 가득 솜사탕처럼 기쁨이 피어 옵니다.

5

큰아들은 또 다릅니다. 내가 손가락을 베거나 삐었을 때는 물론이지만, 치우지 못하고 외출한 날, 또는 저들끼리 식사를 한 날도 우렁각시가 왔다 간 것처럼 그릇이 깨끗해져 있습니다. 그때 나는 또 어두운 방에 불이 켜지듯 마음이 환해집니다. 함께 외출할 때, 찻길이나 횡단보도에서 나를 보호하려는 아들은 또 얼마나 믿음직한지요.

6

어쩌다 TV를 보면서 난치성 질병을 앓는 어린이나 젊은이를 봅니다. 그들과 그 부모를 보면 눈물겹습니다. 가족 모두가 건강하다는 사실이 너무나 고맙습니다. 때로 허리가 아파 똑바로 걷지 못해도, 목이 부어 음식을 잘 못 넘겨도 고통이라 말할 수 없습니다. 곧잘 어디어디가 아프다고 말하는 가족에게도 스폰지케이크처럼 부드럽게 대답합니다.

7

내일 모레가 말일이니 세금도 내고 아파트 관리비도 내고 돈 쓸 일이 많습니다. 그런 돈을 걱정하지 않게 살림살이를 꾸려갈 수 있는 것도 참으로 큰 다행입니다. 부자가 아니라도 말입니다. 그것이 안 되면 난 지금 얼마나 삶이 신산할까요.

8

술에 취해 밤늦게 귀가할 때는 속상하지만, 내 몸이 불편해 보이면, "밥하지 마, 오늘은 외식이야." 하고 소리쳐 주는 남편이 있어 난 또 힘이 납니다. 소심한 성격 때문에 이것저것 신경 쓰면, "괜찮아 그 정도면 됐어." "그까짓 거 내가 술 한 번 안 먹으면 돼." 하고 내 마음을 편하게 해 주려고 애쓰는 동반자가 있다는 것도 감사할 일입니다.

9

배는 어쩜, 자동차가 아스팔트 위를 달리듯 그렇게 순탄하게 질주할 수 있을까요. 지금 이 순간은 물과 하늘, 그리고 바다를 향해 조금씩 내려가는 태양이 있을 뿐, 막막한 바다에는 아무 것도 보이지 않습니다. 울릉도에서 돌아오는 쾌속정 안, 몸은 감기로 허우적대지만 새로운 곳으로의 여행을 하고 난 내 정신은 충만감 속에 있습니다. 살아가면서 일상이 무미해질 때 집을 떠나 나그네가 되어보는 것은 훌륭한 재충전입니다. 이 얼마나 멋진 일인가요.

10

"언니, 고추장아찌도 식초부터 담가?" 하고, 살림의 지혜를 물을 수 있는 등대 같은 언니가 있다는 것이, "너일 강화에 있는 소금탕 갈 건데 너도 갈래?" 하고 전화 해 주는 언니가 있다는 것이 참으로 든든합니다.

11

"다음 토요일, 인천 공항까지 같이 가 줄 수 있겠니? 작은애가 연수 갔다 오는데, 자형도 차도 지방에 있어서…." 부탁할 수 있는 동생이, 누나의 청을 곧잘 들어주는 동생이 있어 또 나는 흐뭇합니다.

12

아버지가 돌아가시고 4년 반 동안 혼자 사시던 엄마가 대구 동생네로 합치기로 했습니다. 새집으로 이사 가면서 여든이 넘은 시어머니를 모시겠다고 결정해 준 올케가, 직장에 다니면서 제사음식도 손수 장만하는 올케가, 차남에게 시집와서 맏며느리 노릇을 하는 올케가 진정으로 고맙습니다.

13

내게는 오래된 친구들이 있습니다. 40년 전 추억을 함께 가진 중학교 동창, 또 고등학교를 함께 다닌 벗들과 20대를 같이 보낸 대학친구, 교사를 하며 만났던 벌써 30년 가까이 된 친구, 내 애들을 키우며 서로 도움이 되었던 옛 이웃집 지인들. 난 그들과 만나서 산을 오르고 여행도 가고 영화도 봅니다. 때로 남편을 성토하고 아이들 흉도 보고, 손자 자랑도 들어줍니다. 그리고 포복절도하며 웃기도 합니다. 함께할 친구가 있는 것 또한 삶의 힘을 주는 일이 아닙니까.

우리가 만든 휴대폰이, 냉장고가, 자동차가 세계시장에서 잘 팔리고 있는 지금, 아시아의 동쪽 끝 조그만 나라가 세계 10대 경제 대국이 된 지금, 우리의 예술가 체육인들이 또 자원봉사자들이 세계를 누비는 지금, 일제 치하 인도의 시성 타고르가 우리나라에게, "너 등불 한 번 다시 켜지는 날에 넌 동방의 밝은 빛이 되리라."고 예언한 그날이 다가오는 건 아닌지 희망을 가져 봅니다.

그러고 보니 내 삶은 참으로 행복합니다. 시인 황동규는 '행복하다'는 말을 하지 않는다고 하지만, 나는 말하고 싶습니다. 때로 사랑하는 사람의 고통을 보는 것이, 그와 이별하는 것이 슬픔이 되어 우리 삶을 힘들게 해도, 이처럼 많은 기쁨이 내 삶 속에 있다는 발견은 얼마나 살 만한 일입니까. 힘든 일보다 힘나는 일을 생각하며 살 필요가 있는 것 같습니다. 3년 전 큰

동생이 병마와 싸우다가 먼저 세상을 뜨고 온 집안이 불행의 늪에 빠졌지만, 동생은 우리를 그렇게 놓아두지 않았습니다. 자신의 고통과 함께 우리의 슬픔도 가져갔습니다.

순간순간 어려운 일이 생기더라도 큰 눈을 뜨고 좀더 위에서 내려다보면, 우리네 삶은 살아낼 만하지 않습니까. 불교에서는 말합니다. 이 세상 하고 많은 생물 중에 인간으로 태어나는 일이 참으로 어려운 일이라고. 소나 말이 아니어서, 파충류가 아니어서, 하루살이가 아니어서 얼마나 다행인지 모릅니다. 오늘 이렇게 살아있는 것이 얼마나 감사한지요.

2005. 4.

흔적

후딱 지나가 버린 일주일을 생각하면 시간처럼 허망한 것도 없어 보인다. 마치 두 손 가득 퍼 올린 물이 손가락 사이로 쉬 빠져 나가듯 말이다. 그렇지만 물은 사라지고 없어도 손은 물의 흔적을 갖고 있다 촉촉이 젖은 모양으로. 시간은 그저 지나가는 법은 없다. 유형무형의 유산을 남긴다.

재작년 서부유럽으로 패키지여행을 했다. 12박 13일 동안 나는 시차 적응을 할 수 없었다. 주로 이태리 중심의 여정이었지만 6개국의 주요도시와 알프스 산까지 주마간산 식으로 돌아보느라 차를 장시간 타는 강행군이었다. 거의 매일 뇌가 과부하에 걸릴 정도로 많은 것을 보고 듣고 숙소에 들어, 지친 몸이 금방 잠속으로 빠질 것 같아도 의식은 다시 새록새록 개었다. 겨우 잠이 들었다가도 두세 시간 많아야 네 시간 자면

깨곤 했다. 생존에 꼭 필요한 양 만큼만 잔 것 같다.

우리 표준시보다 8,9시간 늦으니 한 잠 자고 일어난 새벽 한두 시는 우리나라에서 오전 10시가 되므로 잠이 쉬 올 리가 없다.

일행 중에는 환갑 기념으로 온 친구들, 고희를 맞은 부부처럼 연세가 지긋한 분이 많았는데, 그들은 낮에 버스로 이동할 때는 거의 머리를 의자 등받이에 기대고 꿈나라에 가기 일쑤였다. 시간을 절약할 겸 주로 차 속에서 다음 목적지에 대해 설명하던 가이드는, 비싼 돈 주고 와서 잠만 잔다고 우스개로 핀잔을 주곤 했다. 반면 2,30대의 젊은이나 어린이들은 별 문제가 없어 보였다. 물론 사람에 따라 개인차가 있겠지만 거의 나이에 영향을 많이 받는 것 같았다, 우듬지보다 둥치가 바람을 덜 타듯이. 호기심 많은 나는 차창 밖의 풍경도 놓치기 아까웠지만 악착같이 깨어 있으면 밤이 덜 괴로울까 싶어 질문도 해가며 낮을 견뎌냈다. 그래도 시차적응은 끝내 실패했다. 그리고 마지막 귀국하는 비행기 속에서 마녀의 주술에 걸린 숲속의 공주처럼 잠속에 빠졌다.

동경 135도 표준시에 맞춰 산 세월 50년 이상은 내 몸에 그대로 흔적을 만들었던 것이다. 보이지 않는 흔적을.

뇌 속에 어떤 기능이 있어 오랜 습관이 각인되는 걸까. 마치 상처 입은 피부에 흉터가 생기듯이 자리잡은지도 모른다. 우리가 원하든 원치 않든 세월의 유산은 남기 마련인 모양이다.

아니, 산다는 것은 흔적을 만드는 것인지도 모른다. 대보름날이 아니어도 입맛이 없으면 잡곡을 고루 넣고 찰밥을 짓는 나는, 어렸을 때 둘러앉아 오곡밥을 먹고 부럼을 깨던 행복했던 기억 때문임을 깨닫는다. 나를 닮아 입이 나왔다고 불평하는 막내도, 엄마의 고지식한 면을 받아 원칙을 고수하려는 큰애도 내가 이 땅에 왔다간 흔적일 것이다.

특별한 일이든, 일상의 일이든, 혼자든, 함께든, 보낸 순간들이 훗날 가슴에 파문을 일으키는 자취가 되기도 한다. 좀더 의미 있는 흔적을 갖고 싶어 사진을 찍고, 글을 쓰고, 그림을 그린다. 더 보태고 싶으면 기념관을 세우고, 박물관을 전시관을 만든다. 후예들에게 조상의 자취를 남겨 삶의 지침이 되거나 생활에 지혜를 줄 수 있어 바람직한 일이기도 하다.

그런데 굳이 개인의 흔적을 남기고 싶은 본능이 유난한 사람들이 있다.

감탄사를 되뇌며 도착한 비경(秘境) 속의 특이한 바위에 쪼아 놓은 이름자. 여행지의 유서 깊은 건물 한 모퉁이에 새겨둔 갖가지 낙서. 꽤나 많은 수고와 시간을 들였을 노력은 누구를 위한 것일까. 아무도 반가워하지 않는데 말이다.

몇 해 전 어느 섬에 갔을 때 한가하게 하늘을 바라본 적이 있다. 그러다가 우연히 구름이 만들어지는 것을 봤다. 먼 데 어디선가 수증기가 많았던지 구름이 뭉게뭉게 피어오르다가 조금 지나서 사라지고, 또다른 모습으로 뭉쳐지다가 없어지고를 되풀이하였다. 순간, 자연의 이치는 저런 게 아닐까 생겨난 모든 것이 무(無)로 돌아가는 것, 그런 의식이 서늘한 바람처럼 다가왔다.

이태리에 강진이 일어나서 중세 유적이 가득한 고도 라퀼라가 반 이상이 파괴되었다고 한다. 95킬로미터 정도 떨어진 로마에서도 지진이 감지될 정도였다고 놀라워했다. 200명 이상의 사망자, 많은 부상자와 이재민이 생긴 사실은 참으로 안타까운 일이지만 한편 이런 생각도 든다. 그 오래된 유적들을 정리하고 다음 세대들이 살아갈 터를 마련한 것일 수도 있다고. 로마에 갔을 때 조상 덕에 엄청난 관광수입을 올리지만 새로운 건물 하나 마음대로 못 짓고 좁은 길을 감수하고 사는 불편도 보았다. 유물들에 치여 산다고 할까. 그런 의미에서 자연은 한 번씩 텅 빈 공간을 후세를 위해 제공하는 게 아닐까.

오랜 삶이 만든 유산도 결국은 사라져 간다. 물을 담은 손도 좀 지나면 마르기 마련이고 12일 동안 제대로 자지 못한 밤도 20일 30일이 지나면 차차 달라질 것이다.

알게 모르게 만들어지는 흔적, 그 많은 것들은 또 지우야하는 것이기도 하다 살아남기 위해, 다음 세대를 의해.

2009. 4.

초가을의 나목

그림 같은 가을 날씨다. 집안에 있는데도 눈부신 하늘의 기운이 자꾸 느껴져 그냥 있을 수가 없다. 현관문을 열어놓고 복도로 나왔다. 청랑 그대로의 하늘이라더니 말 그대로다. 아파트 뜰에 심어진 나무들이 한눈에 들어온다. 아직은 거의 짙은 녹색으로, 가을 입김을 느낄 수 없다. 주차장 가운데 있는 은행나무만이 연둣빛을 띠고 있다. 얼마 있으면 노란 잎사귀를 단 나무들의 잔치를 볼 수 있겠지 하는 순간, '그 나무는 어찌 됐을까.' 머릿속에 바람이 일었다. 멀지 않은 거리지만, 차를 타고 달렸다.

"아니, 저럴 수가."

숨이 멎는 것 같다. 멀리서 봐도 이미 노란 잎들은 다 져 버리고 앙상한 가지만 남았다. 그 옆에 있는 다른 것들은 이제 녹색이 조금씩 걷히고 있을 뿐인데…. 연초록이 연노랑으로, 황금빛으로 바뀌려면 열흘은 더 지나야 할 테고 낙엽이 지기까지 또 여러 날을 보내야 할 텐데….

젊은 나이에 세상을 등진 사람마냥 그도 일찍 떠난 것인가. 정수리쪽에 몇 장의 잎새를 달고 있으니 아직 생명은 남아 있나 보다. 남은 이파리들은 은행나무 단풍이라고 보기 힘든 연갈색이다.

20여 일쯤 전, 9월 초였다. 차를 타고 오는데 멀리서부터 시야에 들어오는 나무가 있었다. 진초록의 가로수 사이에 노랗게 물든 나무 한 그루.

"어머, 재가 미쳤나봐."

내 입에서 상스런 말이 나오도록 놀랐다. 때를 몰라도 분수가 있지. 주위에 늘어선 나무들 속에 유독 혼자서 단풍이 든 것이다. 목동 아파트 단지에는 은행나무가 많다. 우리 단지에 와서 보아도 그런 나무는 하나도 없다. 양지바른 곳이라 해도, 바람이 지나는 길목이라 해도 그건 너무 일렀다.

그리고는 잊고 있었다. 9월이지만 낮은 한여름이었다. 큰물이 지고 자주 흐려, 제 위력을 발휘하지 못한 태양은, 가는 여름을 붙잡고 있는 모양이다. 아침저녁 서늘한 공기가 가을을 암시할 뿐, 사람들의 차림새도 나무들에도 가을은 오지 않았다.

지난주, 그 나무가 있는 단지에 사는 문우(文友)를 만났다. 나무 얘기를 했다. 그는 주저 없이 말한다.

"아마 무슨 병이 든 모양이죠. 사람이 빨리 늙는 것과 같지 않을까요."

그 말을 듣고도 일주일을 보내다가 오늘에야 생각이 났다.

빛나도록 푸른 하늘을 이고 선 텅 빈 나뭇가지. 옆에 나란히 선 친구들이 성장(盛裝)을 준비하고 있는데, 몹쓸 병을 앓고 있는 것일까.

늦가을이나 초겨울, 모든 나무가 잎을 떨어내고 나신이 되었을 때는, 새 생명을 잉태하기 전의 휴식을 본다. 기다림을 본다. 그런데 이른 가을 홀로 옷을 벗은 나무는 가슴 아픈 이별을 보여 준다. 황량한 벌판을 보는 듯 가슴이 공동(空洞)이 된다.

옛 벗을 잃은 때도 재작년 이맘때다. 그날도 오늘처럼 눈부시게 파아란 하늘이었다. '아름다움은 슬픔'이란 말이 그처럼 실감날 수가 없었다. 늦게 연락을 받은 데다, 갈 형편이 못 되어, 발인제를 지낼 남쪽 하늘을 바라보며 울었다. 굵고 짧게 사는 게 멋있다고 했던, 철없던 시절 그의 말이 떠올라 가슴을 쳤다.

임선희의 수필 <바닷가의 사상>에서는, "죽음 또한 조물주가 그것을 보내는 시기에 있어서 최상의 것이다."라고 하였다.

친구도 과연 그랬을까. “잘 다녀올게.” 하고 여행길에 오른 그에게, 아이들 학업도 살림도 안정된 그 당시가 최상의 시기였을까. 연륜이 모자란 탓인지 나는 거기까지 미치지 못한다. 후일 찾아갔을 때 친구의 어머님은 “내 너를 어찌 보니. 자식 먼저 보내고 밥이 넘어 가서 이렇게 살아 있는 내가 부끄럽다.”고 돌아서 우셨다. 남은 가족에겐 정녕 최상의 시기가 아닌 것을.

할 일 다 하고 늙어 죽는 것을 호상이라 한다. 반대로 어리거나 젊은 사람이 죽으면 악상이 났다고 한다. 말년(末年)을 편안히 보낸 사람이라면 더 살고 싶을 것이고, 살아 있다는 것이 오히려 고통이 되는 환자는 젊어도 죽고 싶을 것이다. 그렇게 보면 ‘호상이니’ 하는 것도 산 사람 기준이다. 보내는 것이 덜 서러울 때, 떠난 자리가 그리 크지 않을 때, 이별은 큰 고통이 되지는 않는다.

스스로도 마음의 준비를 갖추었을 때, 보는 이들도 편한 마음으로 보낼 수 있을 때 떠나는 사람은 얼마나 될까.

니체는 ≪짜라투스트라는 이렇게 말했다≫에서, 죽는 것을 배워야 한다고 했다.

“자기의 삶을 완성시키는 자는, 희망에 차 엄숙하게 맹세하는 자들에 둘러싸여 개가를 부르며 죽는다. 이렇게 죽는 것이 가장 훌륭한 죽음이다.”

이 세상에 몇 사람이 그처럼 죽을 수 있을까. 법력이 높은 스님께서, "나 오늘 갈란다." 하고 입적하셨다는 얘기를 종종 듣는다. 그럴 경우에나 가능한 말이 아닌가.

자신의 삶을 완성한다는 것은, 위대한 사람이나 성인에게 적합한 말이다. 하지만, 이름 없이 사라져갈 필부필부(匹夫匹婦)라도, 자신에게 주어진 책무를 다하고, 비록 작아진 꿈이라도 이룰 수 있었다면 죽음 앞에 선 자신이 슬퍼지지는 않을 것 같다. 아니, 그 꿈을 실현하지 못해도, 노력한 삶이었다면 후회스럽지는 않으리라. 그러나 이것은 어디까지나 희망사항이지, 그만한 삶의 길이가 주어질 것인지는 아무도 알 수 없는 일이다.

매서운 한파를 이겨내고 새 움을 틔워, 앙증맞은 애기잎으로 키우며 생명의 오묘함을 일깨워 준 나무. 성년이 되어 녹음을 이루다가, 황금빛 단풍으로 가슴 적시는 서정을 선사하고 한 해의 삶을 끝내는 은행나무. 이웃한 나무들과 앞서거니 뒤서거니, 며칠 간격으로 낙엽진다면 애석하지 않을 것을. 옆의 나무가 아직 푸른 옷을 입었는데, 홀로 맨살을 드러내었으니 보는 마음이 시리고 춥다.

나무든 사람이든, 너무 일찍 생을 마감하는 것은 슬픔이다, 아픔이다, 보는 이에게 있어서일지라도.

1998. 10.

겨울 속초에서

그곳은 현상의 세계가 아니었다. 온통 은빛으로 빛나는, 눈의 요정만이 살 것 같은 신비한 나라였다. 케이블카를 타고 오르면서 감탄했던 모습들은 서경(序景)에 불과했다. 권금성을 향해 가면서, 가지마다 투명한 보석 같은 눈이 두텁게 얹혀있는 나무들을 보고 연이어 환성을 질렀다. 내 생애 또 이런 환상적인 아름다운 세계를 볼 수 있을까. 살아있다는 것만으로 축복이었고, 볼 수 있다는 것이 고마울 뿐이었다.

밤새 내린 눈으로 입산 금지령이 내렸다. 여행목적은 산이 아니었지만 설악산을 지척에 두고 그냥 갈 수 없어 설악동(雪岳洞)이라도 보자고 숙소를 나섰다. 체인을 단 시내버스가 덜덜거리며 힘겹게 올라와 우리를 내려놓았을 때, 케이블카 운행이 막 시작되었다는 희소식이 온 것이다. 천재일우(千載一遇)가 아니라 만재일우(萬載一遇)라고 모임의 고문이신 허세욱 선생님이 환호하셨다.

먼지 한 점도 묻지 않은 순백의 눈으로 치장한 나무, 설해(雪海)를 이룬 산, 모두가 순수 그 자체였다. 앞서 간 사람이 얼마 되지 않아 쇠줄을 잡고 올라가는 길 외에는 발자국도 없는, 시원(始原)의 모습 그대로다. 권금성에 올랐을 때 하늘은 눈부시게 개었다. 바람의 흔적조차 없이 포근하게 눈 덮인 바위들이 푸른 하늘을 이고 태양빛을 반사하고 있었다. 사람들의 얼굴이 환희로 출렁였고 행복한 웃음소리가 산 아래로 퍼져나갔다. 그 누구의 모습에도 어둠은 보이지 않았다. 청하지 않아도 서로 카메라 셔터를 눌러 주었고, 원하지 않았는데도 사진을 찍어 주었다.

"이런 풍경을 언제 또 만날낍니꺼. 사람 수대로 보내드리지예." 주소를 적는 불편도 즐거워하며 이 비경(秘境)을 함께 본 인연을 기꺼워했다. 아름다움은 정녕 선(善)이었다. 황홀경에 취하였다가 귀경할 차 시간에 맞추느라 아쉬운 하산을 해야 했다.

어제, 2000년 1월 24일 '계간수필작가회'를 결성하면서 세미나를 겸한 여행에 올랐다. 속초에 닿았을 때, 희뿌연 먼지 같은 것이 어지럽게 흩날렸다. 의아한 눈으로 한참을 돌아보는데 차츰 입자가 커졌다. 예기치 않던 눈이었다. 우리 모임의 탄생을 축하하는 서설이라고 좋아들 하였다. 낙산사에 도착하자 함박눈이 되어 절 마당에 풍성하게 쌓이기 시작했다. 그리고 홍련암 좁은 뜰에 섰을 때는 눈보라가 휘몰아쳤다.

바다에서 불어오는 폭풍이 뜰 난간을 의지하고 선 우리를 향해 달려들었다. 머리카락은 사정없이 흩날렸고 무거운 겨울 옷자락도 여름스커트처럼 마구 나부꼈다. 하늘과 바다는 하나였다. 거대한 파도가 바다를 뒤집어엎고, 용솟음치는 물결은 하늘에 부딪치고, 그것은 태초의 혼돈이었다. 천지가 나누어지기 전의 카오스의 상태가 이러했을 것이다. 나란 존재는 없었다. 수십억 년 전, 아득한 태고의 한 순간이 있을 뿐이다. 몇 번의 겨울바다를 보았지만 그처럼 웅대하고 장엄한 광경은 처음이었다.

이틀 사이, 정확히 33시간 동안 나는 참으로 엄청난 것을 경험했다. 어제 아침 서울의 집을 떠나서 지금 귀경 고속버스를 타고 달리고 있다. 시계는 오후 네 시 반을 지났다. 차창 밖은 온통 설국이다. 또다시 많은 눈이 내리겠다는 예보에 걸맞게 하늘은 낮게 내려앉아 눈 덮인 산야와 함께 한 빛깔이다. 버스가 달리는 큰 길도 제설작업이 제대로 되지 않아 길도, 둑도, 나지막한 집도 모두 하얗다. 지금까지 살아오며 본 것보다 더 많은 눈을 보았다.

어쩌다 텔레비전 화면으로 설화가 만발한 산을 보면서, 언제 때맞춰 가서 볼 수 있을까 하던 희망사항을 실현했고, 기대하지 않던 천지창조 이전의 순간도 보았다. 참으로 축복받은 여행이다. 35센티란 적설량을 보인 이번 눈이 바다에서 비롯된 것이라 해안 쪽에 더 많이 내렸다고 한다. 덕택에 강릉을 벗어나면 무리 없이 대관령을 넘을 것이란다. 돌아갈 길에 대한 염려는 기우였다.

삶의 모든 일을 머릿속에서 지웠다. 신문도 읽지 않았고 텔레비전 뉴스도 보지 않았다. 선거의 계절에 일어난 시끄러운 낙천 낙선 운동도, 거짓을 행하는 장사치 얘기도 모른다. 고3이 되는 아들 걱정도 접는다. 다가올 명절에 대한 생각도 잊는다. 잘 써지지 않는 글에 대해서도. 지금 눈앞에 보이는 것만 보고 생각하고 싶다. 인간이 범하지 않은 자연, 그 순수, 아름다움, 감히 넘볼 수 없는 권위, 그런 것을 생각한다. 그대로 보고 느끼면 되는 이 편안함. 일상을 벗어난 즐거움. 이것이 삶의 윤활유가 되고 생에 활기를 불어 넣는 매체가 아닌가.

차창 밖으로, 멀리 자욱한 구름 속에 석양이 어스름하게 비친다. 꺼져가는 불씨가 잿더미 속을 밝히듯 사위어져가는 불꽃이 구름가로 하늘을 물들이고 있다. 서서히 설국은 어둠 속에 묻힌다.

2000. 1.

서울 스케치

조각난 하늘

높은 계단이 앞을 막아서면 "후유!" 하고 쉬고 싶어진다. 그런데, 내가 오르고 싶은 계단이 있다. 국립중앙박물관 중앙에는 양쪽 전시관 사이에 넓은 공간이 있고 그 뒤편에 가로로 길게 누운 계단이 하늘을 이고 벽처럼 섰다. 뭉게구름 몇 데리고 파랗게 빛나는 창공은 가슴속을 환하게 열어준다. 그곳에 가면 나는 선녀의 날개옷이라도 입은 양 하늘을 향해 오르곤 한다.

책을 읽거나 일을 하다가 답답하면 아파트 주변이나 공원을 거닐며 멀리 하늘에 시선을 준다. 가까운 곳에 넓은 들이나 강, 바다가 없으니 그나마 위안은 시원스레 뚫린 하늘이다. 갑갑할 때, 울적할 때, 속상할 때, 화날 때, 하늘은 엄마의 따스한 품이 되어 준다.

≪열하일기≫에서 압록강을 건넌 박지원도 요동벌을 만나, 천 이백 리에 뻗은 평원과 맞닿은 하늘을 바라보며, "한바탕 울 만한 자리로구나!" 했다. 칠정(七情)에 맺힌 감정을 활짝 푸는 데는 소리쳐 우는 것처럼 더 빠른 방법이 없다고 토했다.

하늘이 없다면 이 세상은 어떨까. 사실 하늘이란 것 자체가 어떤 존재라고 말하긴 어려울 수도 있다. 지표를 둘러싸고 있는 무한대의 공간. 공기 분자나 먼지 등에 의해 햇빛의 산란(散亂)으로 푸르게 보일 뿐인 허공. '하늘을 볼 수 없다면'이란 표현이 더 적합하겠다.

몇 년 전 지인의 소개로 낯선 동네에 있는 병원에 간 적이 있다. 일러 준 대로 목적지를 찾을 때는 그 일에만 집중하느라 여념이 없었다. 진료를 마치고 홀가분한 기분으로 건물을 나서며 주위를 살피다가 난 발을 멈췄다. 내 시야에 들어오는 것은 모두가 빌딩의 유리창이었다. 주거 중심지인데도 초고층들이 숨막히게 에워싸고 있었다. 얼마나 높은지 올려보다가 순간 '하늘이 조각났구나.' 했다. 90도로 목을 젖혀야 보이는 조그만 하늘, 여기서는 하늘 보기 힘드는구나 싶었다. 하늘을 찌르고 솟은 거대한 건축들은 비싼 아파트로 소문난 69층의 타워팰리스를 선두로 키재기를 하고 있었다.

그 후 내가 사는 곳과는 거리가 멀어 잊어 버렸는데 우리 이웃에도 유사한 마천루아파트가 들어섰다. 주상복합이란 단어는 늘 초고층을 동반한다. 순수 주거 아파트도 재건축을 하면서 30층은 예사로 넘는다. 도처에서 하늘은 작게 부숴진다. 눈을, 가슴을, 후련하게 해줄 것이 없다. 갈수록 편협해지고 옹이진 마음에 하늘을 들인다면 삶이 좀은 여유로워지지 않을까. 날로 늘어난다는 자살률도 낮아지지 않을까.

이제 하늘을 보러 여행을 떠나야 하는가.

잠들지 못하는 서울

저녁을 먹고 온다던 아들이 좀 늦겠으니 먼저 자라고 연락을 했다. 주말이란 해방감이 작용하는지 모른다.

오래전, 신촌에서 늦은 모임을 마치고 귀가를 서두른 적이 있다. 11시가 넘은 시각이라 불안해지기까지 했다. 마침 집 방향의 버스가 있어 누가 뒤쫓기라도 하듯 뛰어서 탑승하고는 안도의 숨을 쉬며 차창을 내다 봤다. 그때서야 웬 사람이 그렇게 많이 태평한 모습으로 거리를 활보하는지 놀랐다. 아무도 허둥대지 않았다. 23시란 시간은 13시와 다르지 않았다. 혼자서 또는 쌍쌍이 아니면 무리지어 가면서 여유만만이었다. 어느 상점도, 술집도, 네온사인도 잠자지 않았고 잠들 준비도 하지 않았다. 지금은 서울의 곳곳에서 그러리라.

요즘 '24시간 영업'이란 간판이 부쩍 늘었다. 음식점 편의점 슈퍼마켓 찜질방 pc방, 손님이 없다면 그런 업소가 유지되지 않을 것이다. 거기다 심야 영화관, 호프집들은 밤을 새운다. 밤늦게까지 근무하는 경우도 많으니 그들에겐 필요한 곳이기도 하리라.

언젠가 새벽기도에 동참하러 밤 2시 반에 집을 나선 적이 있다. 도반들과 만나 절에 도착한 시각은 3시 15분이었는데 법당 안이 가득했다. 천 명도 넘는 인원이 뿜어내는 기도의 열기는 이 세상에 못 이룰 일이 없을 것 같았다. 평소 내가 잠들어 있는 시간에 이런 별천지가 있었구나 입이 다물어지지 않았다.

동생이 많이 아파서 한밤에 병원에 갔을 때 그때도 난 밤을 잊고 사는 사람들을 보았다. 의료진의 눈길이 필요한 위급환자, 사고로 실려 온 사람, 빈 병실을 기다리는 대기환자로 응급실과 복도까지 북새통이었다. 여기저기 불려 다니는 당직의사 간호사, 또 안타까움으로 밤을 밝힐 가족들이 있었다.

도서관에서, 연구실에서, 사무실에서, 공장에서, 전동차 정비실에서, 그렇게 잠 못 자는 사람이 많아서 가로등의 불을 밝히고 한강다리도 아름답게 꾸며야 하나 보다. 매머드 서울은 이래저래 잠들지 못한다.

기다림은 참는 것

안견의 <몽유도원도>를 보러 박물관 입구에 들어서며 "아뿔싸." 했다. 어제 오전에 왔으면 이렇게까지는 아닐 텐데, 계획을 바꾼 것이 후회가 된다. 전시관 밖에 거대한 뱀처럼 굽이굽이 줄지어 선 사람들은 이미 기다림을 각오한 모습이다. 국립박물관 개관 100주년 기념으로 일본 천리대도서관에 있는 것을 9일 동안만 전시하는데 오늘이 그 마지막 날이기 때문이다.

우리문화재를 일본에 뺏기고 그걸 빌려와서 감질나게 봐야 한다는 사실이 화가 나지만 여태까지 없었던, 또 언제 있을 지 알 수 없는 행사라서 전국에서 모여든다. 얼굴에 검버섯이 가득 핀 노인은 마지막 기회일 것 같아 대전서 왔노라고 한다. 유치원생 같은 꼬마는 두 가닥 묶은 머리를 달랑거리며 연신 대열 밖을 나가 장난을 하다 온다. 안내판에 쓰여 있는 '여기서부터 4시간 기다려야 합니다.' 과연 어린애가 그 시간을 견뎌낼까?

만만치 않은 시간 앞에서 나도 처음은 망설였다. 하지만 바깥에 선 사람의 수로 봐서 설마 그만큼이나 걸릴까 하고 기다려보기로 했다. 식구들의 저녁준비를 하지 않아도 되는 것이 결정을 도왔다. 가져 온 읽을거리를 꺼내어 한 동안은 그리 힘들지 않았다. 시간이 지날수록 다리가 뻣뻣해 오고 늦가을의 한기가 바람을 앞세워 온다. 해가 지면서 뱃속에선 생존을 위한 시위가 일어난다.

"아니 왜 이리 줄이 줄지 않지요?" 내 뒤 60대 중반으로 뵈는 남자가 누구에게랄 것도 없이 말문을 연다. 옆줄 비껴 앞에서 여인의 대답, "건물 안에도 아주 많대요." 그 말을 듣자 마지막 대열의 두 젊은이가 중도 하차를 한다.

기다린다는 것은 단순히 시간을 보내는 것이 아니라 참는 것이다. 참을성이 적은 사람은 기다림이 고통일 수 있다. 특히 야외에서 열을 지어 기다린다는 것은 더욱 그렇다.

문화재가 많은 서울에서 관람객들의 대열은 낯설지 않다. 지난해 김수환 추기경의 선종모습을 보려는 행렬도 언론의 머리를 장식했다. 천만 인구의 거대도시 서울에서 이제 기다림은 다반사다. 더구나 교육, 경제, 예술, 의술 거의 대부분의 중심이 되어버린 수도 서울이 아닌가. 이곳에 살기 위해 수행하는 선사들을 배워야 할 모양이다.

2010. 3.

북한산은 말한다

오랜만에 북한산을 올랐다.

옛 동료들끼리의 모임이 있는데, 좋은 계절을 놓치기 아쉬워 이번 달은 도심을 벗어나 보자고 한 것이다. 일을 가진 친구가 많아 토요일 오후에 적합한 코스를 택했다.

초입에 들어섰을 때, 시내에는 이미 져 버린 개나리가 반가웠다. 공해에 찌든 칙칙한 노랑이 아닌, 선명한 색상의 꽃잎이 상큼하다. 이어 몇 걸음 걷기도 전에 꽃구름을 만들며 끝같은 그늘을 드리운 벚나무 숲 앞에서 탄성을 질렀다.

"역시 잘 나왔다아."

공기 탁한 음식점이나 어둑한 찻집에서 시간을 죽이곤 하던 우리는, 이구동성으로 외쳤다.

'승가사'를 목표로 정하고 산을 올려다보았다. 훤한 이마를 드러낸 듯한 암벽이, 4월의 햇살을 받고 눈부시다. 북한산의 가장 큰 매력은 바로 이 바위들이다. 맑은 날은 정갈하게 빛이 나고, 구름 그림자가 드리울 때는 우수에 젖은 듯 그윽한 어둠을 담는다.

진달래가 이처럼 흐드러진 때 산을 온 것은 처음이지 싶다. 가물어서 마른 풀 위로 흙먼지가 조금씩 인다. 아늘아늘한 연보랏빛 꽃잎을 따 먹으며 봄처녀가 되어 본다. 봄의 정령이 온 산에 가득하다. 만개한 진달래와 소나무, 해맑은 바위들의 조화는 봄산의 아름다움을 만끽하게 해 준다. 어우러진다는 것은 참으로 좋은 일이다. 푸른 나무로만 가득찬 산은 왠지 단조롭고 답답하다.

20여 년 전 여름, 해인사가 있는 가야산 골짜기에서의 느낌은 지금도 잊지 못한다. 무언가 빠뜨린 것 때문에 암자에 되돌아갔다가 잠시 일행과 떨어져 산을 내려왔다. 한낮이었는데도 지나는 사람이 없어 혼자였다. 빽빽하게 하늘을 가릴 듯 솟은 나무들이 산을 가득 메운 속에서, 순간 무섬증을 느꼈다. 숲이 나를 숨막히게 조여왔다. 무작정 내달았다. 5분도 채 안 되는 거리를 오면서 온통 한 덩어리가 된 푸름에 짓눌려 버린 것이다. 더러 큰 암석이 있어 시야가 트였더라면 그처럼 달음박질치지는 않았을 텐데.

군데군데 커다란 바위와 암벽을 가진 북한산은, 조급하지 않고 너그러운 사람처럼 여유와 푸근함을 준다. 나무의 푸르름도 그로 인해 더욱 돋보인다.

누군가 "동양화의 여백은 꽁꽁 언 얼음에 뚫은 숨구멍 같다. 숨구멍을 통해 물이 숨을 쉬듯, 여백으로 하여 그림이 살아 움직이는 것 같다."고 했다. 북한산은 이 바위들로 말미암아 살아 숨쉬는 명산인지도 모른다.

'레저'라는 단어가 생소한 시절, 풋내기 교사 재에 만난 북한산은 큰 감동이었다. 구파발 버스 종점에 모인 검정 교복의 학생들은 먼지를 피워 올리며 길게 줄지어 걸었다. 수업에서 해방된 즐거움을 토하며 종잘대는 소리도 차츰 시들어지고, 소풍길은 마냥 지루했다. 걷기를 싫어하는 내 발은 운동화조차도 무겁게 느껴졌다. 인솔의 책임이 등을 밀어 산을 오르던 나는, 속으로 들어갈수록 발이 빨라지기 시작했다. 위로 펼쳐진 산은, 학업을 마칠 때까지 살아온 고향의 노년기 산이 아니었다. 밋밋한 능선이, 활기 없는 산마루, 그런 모습이 아니었다. 젊고 힘찬 산이었다. 위로 아래로 온 산을 휘둘러보며 입을 다물지 못했다. 심호흡을 했다. 내 몸의 지친 세포들이 산정기를 받아 화들짝 깨어났다. 골짜기는 투명한 물과 맑고 우람한 바위들로 심산계곡을 연상케 했다. 도심을 빠져 나온 지 얼마 되지 않은 곳에 이런 산이 있다니…. 경이(驚異) 그 자체였다.

그 때는 북한산성의 원형이 잘 보존된 대서문쪽 노정을 택했지만, 도선사 쪽으로 오르나 승가사 방향을 가나 기백 있는 산의 느낌은 매한가지다.

우리들은 침대 만한 너럭바위 위에 다리를 뻗는다. 문득 설악산 어디쯤에 있지 않나 착각해 본다. 깊지 않으면서 깊은 계곡을 가진 산. 서울살이에서 북한산을 지척에 두고 있다는 것은 얼마나 다행인가.

"서울은 하나의 행복을 가지고 있다. 종로나 을지로는 물론 그 어디서도 가각(街角)의 한 모퉁이에서 건물 사이로 북한산이 보이는 행복이 그것이다."

시인 고은은 이렇게 말했다. 북한산은 분명 서울 사람에겐 축복이다. 이성계의 혜안(慧眼)이 새삼 고맙다. 이 멋진 산을 정수리에 둔 한양에 도읍을 정하여 오늘에 이르렀으니.

나는 새로운 것을 좋아한다. 여행이나 등산을 할 때 특별한 곳이 아니면 같은 곳을 두 번 찾지 않는다. 유한한 인생에 새것을 보아도 다 못 볼 세월 때문이기도 하고, 호기심이 줄어 흥미를 잃는 까닭도 있다. 그런데 북한산은 갈 때마다 좋다. 만날 때마다 좋은 점을 하나씩 더 보여 주는 사람처럼 기쁨을 준다.

두리뭉술하여 활기 없이 가라앉은 노인도 아니요, 날카롭고 안정되지 못한 청년도 아닌, 장년의 힘과 여유를 지닌 잘 생긴 남자 같은 산. 무질서하게 아우성치는 시가지를 보며 살맛을 잃은 순간, 눈을 들어 환한 암봉(岩峰)을 쳐다보면 마음이 시원하게 트인다. 녹색의 나무 그늘 사이에서 반짝이는 암석들이 빈틈을 만드는 산은, 숨가쁘게 달리지는 말자고, 악다구니처럼 살지는 말자고 소리없이 말한다.

산그늘이 골짜기에 내려앉자 철 이르게 담가 본 발이 시려온다. 억겁을 흘러온 물로 바위들은 끊임없이 씻겨진다. 오랜만에 삶의 때를 벗고 말갛게 헹구어진 마음을 보는 것처럼 상쾌하다.

1996. 4.

호랑이를 기다리며

하늘에 계신 옥황상제가 지상에 사는 동물들에게 일렀다. "모월 모일, 빨리 도착하는 순서대로 열둘을 골라 땅을 지키는 12신장을 뽑겠다." 부지런한 소는 제 속도를 아는지라 미리 출발하여 맨 앞에서 열심히 가고 있었다. 그런데 꾀 많은 쥐가 소의 등에 타고 가다가 재빨리 뛰어 내려 1등으로 골인하였다. 하룻밤에도 몇 개의 산을 넘는다는 호랑이는 자신의 실력을 믿고 느직이 출발하였다가 세 번째로 도착했다.

해마다 연초가 되면 그 해의 띠가 되는 동물을 화제로 삼는다. 그 띠가 되는 12지(支)를 정하는 이 이야기를 아버지께 들은 것이 언제였는지 모른다. 지금도 기억하며 웃을 수 있는 것은, 동물들의 성격을 잘도 묘사했기 때문이리라.

호랑이는 고양이과에서 가장 큰 동물이며 맹수다. 그런데 이상하게도 호랑이가 무섭지 않다. 혐오스럽지도 않다. 동물을 좋아하지 않는 내가, 그 털을 한 번 쓰다듬어 보고 싶은 충동이 이는 것은 오직 호랑이뿐이다. 어릴 때 할아버지는 가끔 호랑이 얘기를 해 주셨다. "결코 가만히 있는 사람을 해치지 않는다. 흰옷을 입지 않고 유색옷을 입으면 다른 짐승이라 생각하고 덮친다." 여느 동물과는 어딘가 다른 데가 있다고 했다. 이런 이야기가 호랑이에 대한 거리감을 없애는데 한 몫 했을 것이다.

초등학교 저학년 때, 양조장을 하는 친구 집에 간 적이 있다. 일본식 가옥이라 가운데 정원이 있고 그 둘레에 많은 방이 있었는데, 어느 방문을 열다가 나는 숨막히도록 놀랐다. 호랑이 가죽이 걸려 있었다. 자르르 윤기가 흐르는 호피, 서울에 있는 동물원의 호랑이는 보지 못하고 그가 죽어 남긴 가죽만 보았다. 그 때도 두려움보다는 호기심과 감탄이 앞섰던 것 같다.

지난 번, 시베리아 호랑이 촬영 특집 방송이 있던 날, 우리 가족은 모두 텔레비전 앞에 앉아 있었다. 혹한과 많은 어려움 속에서 여러 번의 실패를 겪고, 한국 호랑이와 거의 같다는 시베리아 호랑이의 자연 속의 모습을 카메라에 담았다. 작년에는 다른 방송국에서 그런 시도를 한 적이 있다. 얼마 전, 한 산골 마을에 호랑이의 것으로 추정되는 짐승의 발자국이 있다고 뉴스 시간에 보도했다. 거의 멸종되었다고 보는 우리의 범이 이 땅 어딘가에 살고 있으리라는 추측을 하면서 취재 기자와 주민들은 흥분했다. 이는, 살고 있었으면 하는 희망을 표현한 것이리라.

우린 왜 그 사나운 동물을 찾아다니는가.

우리 민족만큼 호랑이와 가까운 민족도 드물 것이다. 가까이는 서울 올림픽의 마스코트로 선정될 정도로, 멀리는 개국 신화에 등장할 정도로 친밀하다. 요즈음도 액을 막는다고 호랑이 그림을 집안에 붙이는 사람이 많다. 그러나, 선조들은 용맹함만으로 호랑이를 평가하지는 않았다.

사람이 되고 싶어 마늘과 쑥을 먹다가, 참지 못하고 뛰쳐나가는 참을성 없는 호랑이. 후백제를 세운 견훤을 수풀에 눕혔더니 범이 와서 젖을 먹였다는 기록에서처럼 친근하고 다정한 호랑이. 토끼의 꾀에 넘어가서 얼음 언 강물 속에 꼬리를 담그고, 물고기가 붙기를 바라며 얼어 죽어가는 미련한 호랑이. 목에 걸린 가시를 빼 주었다고 은혜를 갚는 호랑이도 있다. 민화에 그려진 까치 호랑이는 또 어떤가. 기쁜 소식을 기원한다는 뜻으로 그린 익살스레 생긴 호랑이다.

나는 곰처럼 우직하지 못한, 인내심 없는 녀석이 호랑이다워서 좋다. "비호(飛虎) 같다."는 말이 있을 정도로 빠른 녀석이

소한테 져서 3 등이 되었다는 이야기도 너무 재미있다. 곶감이 어찌 생겼는지 보기도 전에, '나 살려라.'고 도망가는 바보스런 녀석이 밉지 않다.

이 세상 어떤 짐승보다 아름다운 털가죽, 불을 뿜는 눈, 독특한 냄새…. 다른 동물이 최면술에 걸린 것처럼 꼼짝을 못하게 한다는 범. 그 절대적 왕자(王者)를 어쩌면 단점 많은 인간의 모습처럼 표현하였을까. 날렵하지도 않은, 사납지도 않은 어리석고 미련하기까지 한 호랑이는 오히려 친숙하게 느껴진다.

사납고 무서운 호랑이와 친근한 사이가 되어 위험에서 벗어나고자 하는, 나약한 인간의 바람을 희화화해서 말한 것은 아닐까.

우리는 아득한 옛날부터 호랑이를 숭배하기도 했다. 지금도 오래된 산사(山寺)에 들르면, 위엄있고 친근한 모습으로 다소곳이 엎드려 있는 호랑이가 그려진 산신각을 볼 수 있다. 국토의 7할이 산인 우리나라에서 동물의 제왕에게 의지하고 싶은 마음은 당연할 것이다.

인왕산 골짜기에도 수없이 나왔다던 호랑이.

"범 가는 데 바람 간다."는 속담처럼 전 국토를 내달았을 호랑이.

그 호랑이를 기다린다. 전국의 산들이 울울창창한 숲으로 덮인 지금, 백두산에서 금강산으로 다시 설악산으로 태백산으로, 그리고 지리산까지 백두대간을 바람처럼 넘나들 날이 오지 않겠는가. 우리 민족 시원(始原)의 이야기 속에 등장했던 범은 이 땅에 꼭 살아 갈 것이다. 위기에 처해 마음과 정신이 위축될 때마다, 날렵한 앞발로 도약하는 멋진 모습을 보여줄 것이다.

온 산을 울리게 포효하는 기상을 본받도록, 부지런히 먹이를 찾아다니는 그 적극성을 배우도록, 용의주도하게 사냥감에 접근하는 치밀함을 기르도록, 호랑이는 우리 민족에게 언젠가 그 용자(勇姿)를 드러낼 것이다.

호랑이해 1998. 9.

권태숙 수필집
그녀의 변주곡

2010년 10월 25일 초판 인쇄
2010년 10월 30일 초판 발행

지은이 권태숙 | 펴낸이 김은영 | 펴낸곳 북 나비
출판신고 2007년 11월 19일 제380-2007-00056호
주소 142-868 서울시 노원구 중계동 노원주공2단지Ⓐ 202-208
전화·팩스 (02)903-7404, 070-8283-2986
이메일 booknavi@hanmail.net
www.booknavi.co.kr
출력 모노 | 동광인쇄 | 제본 삼화제본

ISBN 978-89-960449-17-5 03810
값 10,000원

※잘못된 책은 바꿔 드립니다.